KB218921

난생처음
세금 여행

✦ **이 책을 시작하기 전에**

이 책은 세금에 대한 기본적인 이해를 돕기 위해 작성된 학습서입니다. 실무에 바로
적용하기보다는, 세금의 개념을 세우고 구조를 이해하고자 하는 사람을 위한 안내서
입니다.

내용의 흐름을 명확히 전달하기 위해 실제 세법상 존재하는 예외 사항이나 상대적
으로 중요도가 낮은 항목은 일부 생략하거나 단순화하였습니다. 따라서 이 책에서
다루는 정보는 일반적인 참고용으로만 활용해 주세요.

또 세법은 수시로 개정되기 때문에 책의 내용을 실제 상황에 적용하시기 전에 반드
시 최신 법령을 확인하고, 필요하다면 세무 전문가와 상담하시길 권합니다.

이 책의 정보를 바탕으로 발생할 수 있는 직간접적인 손해에 대해서는 책임을 지지
않음을 양해해 주시기 바랍니다.

김선욱
김예희

난생처음
세금 여행

연말정산부터

상속세까지

인생 단계별로 꼭 알아야 할

세금 이야기

청아출판사

민이 아빠의 세금 여행을 시작하며

회사 복도에서 이런 대화를 들어 본 적 있으신가요?

"야, 나 이번에 연말정산 환급 120만 원 받았다!"

"진짜? 난 토해 내야 한대. 몇십만 원이나……."

"와, 부럽다. 나는 왜 매번 환급도 없지?"

저도 그랬습니다.

세금은 그저 월급에서 빠져나가는 숫자쯤으로만 생각했습니다. 어디에 쓰이는지, 어떻게 줄일 수 있는지는 깊이 고민해 본 적이 없었습니다. 그러다 어느 날, 이런 생각이 들었습니다.

"어차피 낼 거라면 제대로 알고 내자."

연말정산이든, 투자소득이든, 집을 사고파는 일이든, 내 돈과 세금은 언제나 함께 움직였습니다. 모르면 놓치고, 알면 지킬 수 있었습니다.

조금만 알았더라면, 조금만 신경 썼더라면, 내 월급과 내

투자 수익, 내 가족의 재산을 더 현명하게 지킬 수 있었겠다는 생각이 들었습니다.

그래서 이 책을 준비했습니다. 복잡한 세법을 외우기 위한 책이 아니라 직장인이 살아가면서 꼭 부딪히게 되는 세금 이슈를 쉽게 이해하고, 실질적으로 대응할 수 있도록 돕는 책입니다.

월급에서 빠져나가는 세금은 어떻게 줄일 수 있을까? → **연말정산**

금융 투자로 얻은 수익에는 어떤 세금이 붙을까? → **금융소득**

노후를 준비하는 연금에는 세금이 얼마나 붙을까? → **연금**

내 집을 사고팔 때 세금은 어떻게 계산될까? → **부동산**

부업이나 N잡을 시작할 때는 세금을 어떻게 신고해야 할까? → **N잡**

가족에게 재산을 물려줄 때 세금 부담을 어떻게 줄일 수 있을까? → **상속, 증여**

월급을 벌고 돈을 모으며, 가족의 미래를 준비하고 있다면, 세금은 반드시 알아야 할 언어입니다.

민이 아빠와 함께 모르면 손해, 알면 득이 되는 세금 여행을 이제부터 떠나 볼까요?

세금 여행을 함께 하는 티나 코치

"세금이요? 회사가 알아서 해 주는 거 아닌가요?"

"연말정산? 그냥 서류 내고 끝나는 거죠."

강의나 상담에서 이런 이야기를 자주 듣습니다. 그리고 저는 늘 이렇게 답합니다.

"정확히 몰라도 괜찮아요. 하지만 '핵심'을 모르면 알게 모르게 손해를 보게 됩니다."

세금은 어렵습니다. 그런데 그 어려움이 우리의 무관심을 부르고, 그 무관심이 손해로 돌아오는 걸 많은 사람이 모르고 지나칩니다.

누구도 나 대신 내 세금을 제대로 챙겨 주지 않습니다. 회사도, 국세청도, 홈택스도요. 그들은 덜 낸 세금은 열심히 찾아 가져가지만, 누락된 공제까지 챙겨 주진 않습니다.

이 책은 그런 당신을 위한 책입니다.

난생처음 세금 여행

30대와 40대. 일도, 소득도, 삶도 복잡해지는 시기를 살아가는 당신을 위해.

연말정산에서 빠져나가는 세금이 어떻게 정해지는지, 연금을 받을 때 내야 하는 세금을 왜 지금부터 준비해야 하는지 알려드립니다.

이 책은 세법 교과서가 아닙니다. 대신 돈을 지키는 법을 알려 주는 현실적인 생존 매뉴얼입니다.

☑ 월급에서 빠져나가는 세금 줄이는 법

☑ 노후에 연금 받을 때 세금 덜 내는 법

☑ 내가 챙겨야 하는 핵심 공제와 세액 감면 리스트

☑ 이제 막 시작한 부업, N잡러의 세금 준비법

☑ 집을 사고팔 때 세금 전략

☑ 가족에게 재산을 물려줄 때의 똑똑한 방법

이 책을 덮고 나면, 세금이라는 말이 두렵거나 낯설지 않을 거예요.

돈을 지키는 가장 확실한 지식, 지금부터 티나 코치와 함께 알아볼까요?

차례

꼭 알아야 할 세금 용어들

간이과세자 부가가치세법상 신규 사업자 또는 직전 연도 매출액이 일정 금액 이하인 소규모 사업자

간접세 소득이나 이익에 부과되지 않고, 상품이나 서비스를 구매할 때 포함돼 내는 세금

결정세액 최종적으로 내야 할 소득세 금액

과세이연 세금 납부를 미루는 것

과세최저한 세금이 부과되는 최저한도의 소득

과세표준 총소득에서 공제 항목을 제외한 금액으로, 실제 세율이 적용되는 기준 금액

국세 국가가 직접 걷어서 운영하는 세금

근로소득 노동을 하여 보수로 얻는 소득

금융소득 금융투자로 얻는 다양한 소득. 이자소득, 배당소득 등이 해당

기납부세액 매달 월급에서 원천징수된 소득세나 3.3%의 원천징수세금 등 미리 납부된 세금

기본공제 종합소득세 과세표준을 계산하기 위해 종합소득금액에서 공제해 주는 기본적인 인적 공제 항목

기타소득 일시적이고 비정기적으로 발생하는 소득

누진세 과세표준이 증가함에 따라 평균세율이 증가하는 조세

누진세율 일정 금액까지는 낮은 세율, 그 이상은 점차 높은 세율을 적용하는 방식

면세사업자 부가가치세 납세 의무가 면제되는 재화나 용역을 공급하는 사업자

배당금 기업이 주주에게 분배하는 이익금. 투자자가 실제로 받는 금전 또는 주식

배당소득 배당금 등 이익 분배로 발생하는 소득. 소득세법상 소득의 한 종류

배당소득세 배당소득에 대해 부과되는 세금. 원천징수 후 종합과세 또는 분리과세 적용

법인세 법인이 이익을 내면 내는 세금

부가가치세 상품이나 서비스의 거래 과정에서 발생하는 부가가치에 부과되는 세금

분리과세 특정 소득을 분리해 별도로 과세하는 것

비과세소득 세법에서 세금을 물리지 않기로 규정한 소득

비례세 과세 대상의 크기에 상관없이 일정한 세율로 부과하는 조세

사업소득 지속적, 반복적으로 이루어지는 경제 활동에서 발생하는 소득

사업자등록 사업자가 세무서에 신청해 사업자등록번호를 발급받는 것

상속세 사망으로 재산이 가족이나 친족 등에게 무상으로 이전되는 경우, 해당 상속재산에 부과되는 세금

세액공제 세금을 계산한 뒤, 그 금액에서 직접 일정 금액을 공제해 주는 것

소득공제 소득에서 일정 금액을 공제해 주는 것

소득금액 소득원별로 총수입에서 필요경비(공제)를 차감한 순이익. 종합소득세 신고 기준이 되는 금액

종합소득 1년간 발생한 근로, 사업, 이자, 배당, 연금, 기타소득 등 여섯 가지 소득을 모두 합산한 금액

종합소득세 종합소득에 과세하는 세금. 종합소득금액에서 소득공제 후 누진세율을 적용하며, 매년 5월 신고 및 납부

종합소득공제 종합소득금액에서 차감할 수 있는 각종 공제 항목의 총칭. 인적 공제, 연금보험료공제, 특별소득공제 등

소득세 개인이 소득을 벌면 내는 세금

실효세율 총소득에 대해 실제로 납부한 세금의 비율

양도소득세 부동산이나 해외 주식을 팔아서 생긴 이익에 부과되는 세금

연금소득 연금펀드, 퇴직연금 등에 투자해 운영하던 자금을 연금으로 수령할 때 받는 연금액

연말정산 근로자가 1년 동안의 소득과 공제를 정확히 계산해서 실제로 내야 할 세금과 미리 낸 세금을 맞춰 정산하는 것

영세율 제도 일정한 조건을 충족하는 사업자에게 부가가치세를 0%로 적용하는 부가가치세법상 제도

원천징수 개인이 직접 세금을 납부하기 전에 돈을 지급하는 쪽에서 미리 세금을 떼어 대신 납부하는 것

위택스 지방세 인터넷 납부 시스템

인적 공제 상속세에서 피상속인의 사망으로 상속이 개시될 때 상속인(자녀, 미성년자, 연로자, 장애인 등)과 동거가족의 인적 특성을 고려해 세법에서 정한 금액만큼 상속재산에서 공제해 주는 제도

일괄 공제 상속재산에서 기본공제(2억 원) 및 기타 인적 공제와 비교하여 최소 5억 원까지 공제해 주는 대표적인 상속 공제

일반 과세자 부가가치세가 과세되는 사업을 영위하는 사업자 중에서 간이과세자가 아닌 모든 사업자

자동차세 자동차를 소유하고 있을 때 내는 세금

재산세 집이나 땅을 소유하고 있을 때 매년 내는 세금

정액세 소득이나 재산의 크기와 관계없이 모든 납세자에게 동일한 금액을 부과하는 세금 구조

종합과세 법인 또는 개인 납세자의 모든 소득을 종합하여 세금을 매기는 소득세 과세 방식

종합부동산세 일정 기준을 넘는 부동산을 소유하면 내는 세금

종합소득 1년간 얻은 모든 소득을 합산한 것

종합소득세 1년 동안의 소득을 정리해서 이듬해 5월에 신고하고 납부하는 세금

종합소득공제 소득금액을 모두 합산한 뒤 전체 금액에서 한 번 더 깎아 주는 공제

주민세 특정 지역에 거주하는 주민이 납부하는 세금

증여세 생존해 있는 사람이(증여자) 타인(수증자)에게 재산을 무상으로 이전할 때, 그 재산을 받은 사람(수증자)이 부담하는 세금

지방세 지방 자치 단체가 지역 주민에게 부과하는 세금

지방소득세 개인이나 법인의 소득에 따라 부과되는 지방세로, 지방 자치 단체가 과세하는 세금

직접세 납세 의무자와 실제 세금을 부담하는 담세자가 일치해 세금 부담이 다른 사람에게 전가되지 않는 조세

추계신고 장부를 작성하거나 증빙 자료를 갖추지 않은 납세자가 실제 발생한 수입 금액(매출액)만을 기준으로 하고, 비용은 국세청에서 업종별로 정한 경비율을 적용해 추정하여 소득금액을 계산, 신고하는 종합소득세 신고 방법

취득세 부동산이나 차량을 살 때 산 가격의 일정 비율을 내는 세금

필요경비 사업자가 소득을 얻는 데 사용한 비용(인건비, 임대료, 재료비 등)

퇴직소득세 회사를 퇴직하면서 받는 퇴직금에 대한 세금

한계세율 소득이 한 단위 증가할 때 그 증가분에 적용되는 세율

홈택스 세금(국세) 신고와 납부를 할 수 있는 온라인 세무서

환급세액 실제로 내야 할 세액보다 더 많은 세금을 납부했을 때 그 초과분으로 환급받는 금액

제1장
세금 여행의 시작
: 세금의 구조

평생 첫 세금 공부, 이렇게 시작하자

세상에서 가장 쉬운 세금 이야기

행복한 부자를 위한 첫 번째 지혜, 세금

BOARDING PASS

세금 여행지도 Let's go!

내 통장에서 출발!

N.G 탈세 ↔ 절세 O.K

세금세율 구조: 누진 / 정액 / 비례

국세

지방세

직접세
소득세
상속세
증여세
종합부동산세 등

간접세
부가가치세 등

직접세
재산세
취득세
자동차세 등

간접세
담배소비세
주행세 등

세금의 쓰임: 복지 / 인프라 / 미래 투자

DOWNLOAD TICKET

세금은 왜 내야 할까?

　세금이란 단어만 들어도 머리가 아파진다는 말을 많이 듣습니다. 월급이 통장을 스칠 때마다 도대체 어디로 나가는지 모를 세금들이 줄줄이 빠져나간다는 말도 많이 듣습니다. 커피 한 잔을 사도, 자동차를 굴려도 세금이 붙어 있으니 우리는 평생 세금을 내며 살아갑니다. 하지만 정작 이 돈이 어디로 흘러가고, 어떻게 쓰이는지는 제대로 알지 못합니다.

　많은 사람이 세금을 '정부가 걷어 가는 돈'으로만 생각합니다. 하지만 세금은 우리가 사는 세상 곳곳에 쓰입니다. 길거리에 자라는 가로수, 출근길에 이용하는 지하철, 아이들이 뛰어노는 공원, 아픈 사람이 찾는 병원까지 우리가 익숙하게 누리는 것 대부분이 세금으로 만들어진 것입니다. 그러니 '내가 낸 세금이 다 어디로 가지'라는 의문에 대한 답은 의외로 간단합니다. '우리가 보고, 듣고, 이용하는 거의 모든 것'인 거죠.

그러면 우리가 낸 세금은 구체적으로 어디로 흘러가고 있을까요? 세금의 흐름을 알면 절세 방법도 보입니다. 돈을 잘 벌어도 잘 쓰지 못하면 의미가 없는 것처럼, 세금도 무작정 내기만 하는 것이 아니라 어떻게 활용되고 있는지를 알아야 합니다.

세금은 큰 틀에서 국세와 지방세로 나누어집니다. 먼저 그것부터 살펴보겠습니다.

세금의 종류

국세와 지방세, 직접세와 간접세

세금은 단순히 납부해야 할 돈이 아니라 우리가 사는 경제 구조와 밀접한 관계를 맺고 있습니다. 국세와 지방세, 직접세와 간접세의 차이를 이해함으로써 우리가 어떤 방식으로 세금을 부담하고 있는지, 어떻게 절세할 수 있을지 고민할 수 있습니다.

월급에서 공제되는 소득세만 생각할 것이 아니라, 우리가 매일 소비하는 커피 한 잔에도 10%의 세금이 포함되어 있다는 사실을 인지하는 게 중요합니다. 이렇게 세금의 흐름을 종합적으로 이해할 때 더 현명하게 재정을 관리할 수 있겠죠?

국세와 지방세

국세는 국가가 직접 걷어서 운영하는 세금입니다. 우리가 내는 세금 대부분이 국세이며, 중앙 정부가 관리하고 전국적인 공공 서비스와 인프라에 사용됩니다. 쉽게 말해서 대한민국이라는 거대한 배를 운항하는 데 필요한 기름 역할을 합니다. 만약 국세가 없다면 우리나라의 모든 공공 서비스가 멈출 겁니다. 국세로 조성된 예산은 국방비, 도로 및 철도 건설, 국공립 교육 지원, 국민연금 및 건강보험, 공공병원 운영 등 모두가 공평하게 누려야 할 필수적인 것에 사용됩니다. 우리가 내는 국세는 한마디로 대한민국이라는 나라를 유지하는 비용, 대한민국 전체를 위해 쓰이는 비용입니다.

지방세는 내가 사는 지역을 위해 걷는 세금입니다. 지역 주민의 삶과 직접 연결된 행정과 서비스를 위해 걷습니다. 서울

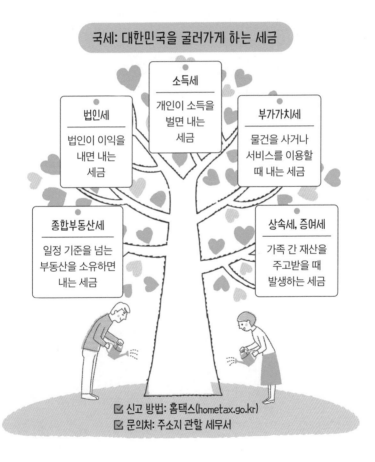

국세: 대한민국을 굴러가게 하는 세금

소득세
개인이 소득을
벌면 내는
세금

법인세
법인이 이익을
내면 내는
세금

부가가치세
물건을 사거나
서비스를 이용할
때 내는 세금

종합부동산세
일정 기준을 넘는
부동산을 소유하면
내는 세금

상속세, 증여세
가족 간 재산을
주고받을 때
발생하는 세금

☑ 신고 방법: 홈택스(hometax.go.kr)
☑ 문의처: 주소지 관할 세무서

난생처음 세금 여행

시민과 부산 시민이 필요로 하는 공공 서비스는 다를 수밖에 없습니다. 어떤 지역은 대중교통이 부족해서 버스 노선을 늘려야 할 수도 있고, 어떤 지역은 공원이 부족해서 녹지 공간을 확대해야 할 수도 있습니다. 이런 문제들은 해당 지역을 가장 잘 아는 지방 자치 단체에서 해결해야 하므로 각 지역이 직접 세금을 걷고 사용할 수 있도록 지방세가 있는 것입니다.

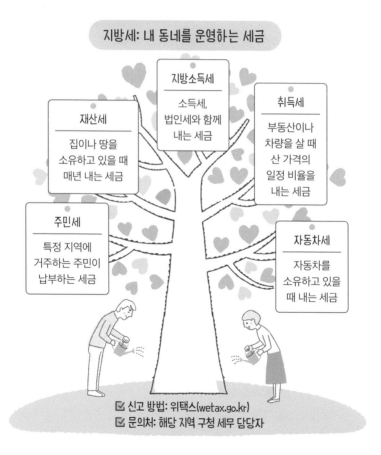

지방세: 내 동네를 운영하는 세금

재산세
집이나 땅을 소유하고 있을 때 매년 내는 세금

지방소득세
소득세, 법인세와 함께 내는 세금

취득세
부동산이나 차량을 살 때 산 가격의 일정 비율을 내는 세금

주민세
특정 지역에 거주하는 주민이 납부하는 세금

자동차세
자동차를 소유하고 있을 때 내는 세금

☑ 신고 방법: 위택스(wetax.go.kr)
☑ 문의처: 해당 지역 구청 세무 담당자

따라서 국세는 나라를 유지하는 '공통 비용'이고, 지방세는 내가 사는 동네를 더 살기 좋게 만드는 '지역 맞춤 비용'이라고 보면 됩니다.

국세와 지방세로 굳이 나누는 이유는 무엇일까요? 나라에서 한 번에 걷어 나눠 주면 더 효율적이겠다는 생각도 듭니다. 하지만 이렇게 국세와 지방세를 나누는 이유는 세금이 사용되는 목적과 관리 주체가 다르기 때문입니다. 만약 세금을 전부 국세로 걷어서 정부가 알아서 배분한다고 하면, 지역별로 필요한 사업을 신속하게 진행하기 어렵고, 지역마다 다른 주민들의 요구를 반영하기가 힘들어질 수 있습니다. 그래서 세금을 국세와 지방세로 나누어 걷고, 각각의 용도에 맞게 사용하도록 한 것입니다.

즉 국세와 지방세를 나누는 이유는 효율적인 세금 운용과 지역별 맞춤 행정 서비스 제공 때문입니다.

✓ 세금 관련 문의는 어디에 해야 할까?

세금이 헷갈릴 때, 가장 빠르고 정확한 해결 방법은 세금 안내문을 확인하는 것입니다. 세금고지서나 안내문에는 담당자 전화번호가 기재되어 있으므로, 가장 먼저 담당자에게 전화하는 것이 좋습니다.

직접세와 간접세

열심히 일한 대가로 받은 월급이 통장을 스치듯 사라질 때, 그중 상당 부분이 세금으로 나가는 것을 보면 당혹스럽습니다. 그런데 세금은 단순히 월급에서만 빠져나가는 것이 아닙니다. 우리가 아침에 마시는 커피, 퇴근 후 친구와 한잔하는 맥주, 자동차 기름을 넣을 때 등등 세금은 우리의 소비와 쭉 함께합니다.

돈을 버는 순간에도, 쓰는 순간에도 우리 곁에 있는 세금은 크게 직접세와 간접세로 나뉩니다. 직접세는 소득을 번 사람에게 직접 부과되는 세금이고, 간접세는 소비할 때 자연스럽게 부담하는 세금입니다.

소득세는 직접세에 해당합니다. 회사에서 월급을 받을 때 일정 비율을 떼어 가며, 연말정산을 통해 추가로 환급받거나 더 내야 할 금액을 정산합니다. 법인세도 마찬가지죠. 기업이 수익을 내면, 그중 일정 부분을 법인세로 납부해야 합니다. 부동산을 소유했을 때 내는 재산세도 직접세에 해당합니다. 이처럼 직접세는 내가 번 돈, 내가 가진 자산에서 직접 떼는 세금이라고 보면 됩니다.

반면 간접세는 우리가 물건을 사거나 서비스를 이용할 때 자연스럽게 부담하게 되는 세금입니다. 가장 대표적인 예가 부가가치세(VAT)입니다. 우리가 편의점에서 1,100원짜리 음료수를 산다면, 그중 100원은 부가가치세죠. 사업자가 대신 걷

직접세

개인이나 기업에 직접 부과되며, 다른 납세자에게 전가할 수 없는 세금. 우리나라 소득세는 누진세 체계를 갖추고 있어 소득이 높을수록 세율도 높아집니다. 현재 소득세율은 다음과 같습니다.

1,400만 원 이하	6%
1,400만 원~5,000만 원	15%
5,000만 원~8,800만 원	24%
8,800만 원~1억 5천만 원	35%
1억 5천만 원~3억 원	38%
3억 원~5억 원	40%
5억 원 초과~10억 원	42%
10억 원 초과	45%

또 지방소득세도 소득 구간에 따라 0.6%에서 4.5%(소득세율의 10%)까지 차등 적용됩니다.

간접세

소득이나 이익에 직접 부과되지 않고, 상품이나 서비스 구매 시 가격에 포함되어 납부하는 세금. 한국의 주요 간접세인 부가가치세는 10%의 세율로 적용되며, 사업자가 상품이나 서비스를 공급할 때 고객으로부터 징수하여 분기별로 세무 당국에 납부합니다.

어서 정부에 납부하는 것이지만, 실질적으로 이 세금을 부담하는 사람은 소비자입니다. 부가가치세 신고를 할 때마다 사업자들이 너무 아깝다고 하는데, 사실 소비자가 맡겨 놓은 돈

난 생 처 음 세 금 여 행

이니 '아깝다'라는 말은 맞지 않답니다. 마찬가지로 술과 담배에는 주세가 포함되어 있습니다. 내가 소주 한 병을 살 때마다 국가에 세금을 납부하는 셈입니다.

정리하자면, 직접세는 내 소득에서 직접 빠져나가는 돈이고, 간접세는 물건을 살 때 가격에 포함된 돈입니다.

우리나라의 세금 구조: 직접세와 간접세의 균형

우리나라 세금 구조는 직접세와 간접세가 적절히 혼합된 형태입니다. 직접세에는 소득세, 법인세, 상속세, 증여세 등이 포함되고, 간접세에는 부가가치세, 특별소비세, 주세, 교통세 등이 포함됩니다.

직접세와 간접세는 경제에 서로 다른 영향을 미칩니다. 직접세는 인플레이션을 통제하는 데 도움이 되며, 고소득층에 더 많은 부담을 주어 사회 경제적 격차를 줄이는 데 기여합니다. 간접세는 인플레이션을 증가시킬 수 있으며, 저소득층에 상대적으로 더 큰 부담을 주어 부유층과 빈곤층 간의 격차를 확대할 수 있습니다.

세금의 세 가지 형태

누진세, 정액세, 비례세

세금은 우리 경제 시스템의 바탕을 이루는 중요한 요소입니다. 부과 방식에 따라 누진세, 정액세, 비례세로 나눌 수 있으며, 각각의 특성과 사회 경제적 영향이 다릅니다.

누진세는 소득이 많을수록 더 높은 세율을 적용하는 방식입니다. 돈을 많이 벌수록 세금을 더 많이 내게 되는 구조죠. 소득세와 종합부동산세가 대표적인 누진세 방식입니다. 연 소득이 1,500만 원인 사람과 1억 원인 사람이 같은 세율로 세금을 내면 형평성에 문제가 있겠죠? 그래서 소득이 높을수록 더 높은 세율을 적용하는 것이 누진세입니다.

정액세는 소득이나 재산과 상관없이 같은 금액을 부과하는 세금입니다. 담배 한 갑을 살 때 부과되는 담배세는 누가 사든 똑같은 세금이 붙어요. 정액세의 가장 큰 단점은 물가 상승이나 소득 변화를 자동으로 반영하지 못한다는 점입니다. 이 때문에 세수 신장성이 부진하고 세 부담 불평등을 발생시킬 수 있습니다. 특히 저소득층에 상대적으로 더 큰 부담이 될 수 있습니다.

비례세(정률세)는 모든 사람에게 동일한 세율을 적용하는 방식입니다. 대표적인 예가 부가가치세(VAT)인데, 우리가 물건

세금의 세 가지 부과 방식

누진세	• 과세표준이 증가함에 따라 평균세율이 증가하는 조세. 소득이 많을수록 더 높은 세율 적용 • 소득 재분배 효과, 인플레이션 통제
정액세	• 소득이나 재산의 크기와 관계없이 모든 납세자에게 동일한 금액을 부과하는 세금 구조 • 주로 담배소비세, 주세 등 특정 소비재에 적용 • 세무 행정 단순, 물가 상승에 따른 실질 세율 하락 문제, 저소득층에 상대적으로 큰 부담
비례세	• 과세 대상의 크기에 상관없이 일정한 세율로 부과하는 조세 • 대표적으로 부가가치세(VAT) 한국의 부가가치세는 10%로 고정(1천 원짜리 라면 1봉지와 1억 원짜리 고급 외제차 모두 동일한 10% 세율) • 세무 행정 단순, 예측 가능, 소득 격차 해소에 한계

을 살 때 가격의 10%를 세금으로 내는 것처럼, 소득이나 자산의 크기와 관계없이 같은 비율의 세금을 부과하는 구조입니다. 모든 납세자에게 동일한 세율이 적용되니 세무 행정이 단순하고 이해하기 쉽지만, 소득 재분배 기능이 없어서 사회경제적 격차를 줄이는 데 한계가 있습니다.

여기까지 읽고 보면, 돈 많이 버는 사람이 더 많이 내니까 소득 재분배 효과가 있고, 따라서 누진세가 더 공평하고 긍정적인 거로 생각됩니다. 그런데 소득이 높은 사람들이 세금 부담을 너무 크게 느끼면 세금을 피하려고 합법적인 절세나 심

지어 편법적인 탈세를 시도할 수도 있습니다. 법인세 부담이 크다고 느끼면 기업이 해외로 빠져나가는 경우도 생기죠. 그래서 나라별로 누진세와 비례세를 적절히 조합해서 운영하고 있습니다. 우리나라는 소득세는 누진세 구조지만, 부가가치세는 비례세 구조를 유지하고 있죠.

각국은 이러한 세금 구조의 장단점을 고려하여 세금 정책을 수립하고 있으며, 경제 상황과 사회적 요구에 따라 세금 구조를 조정하고 있습니다. 세금은 단순히 납부해야 할 돈이 아니라 우리 경제와 사회 구조에 깊은 영향을 미치는 중요한 요소라는 걸 알 수 있습니다.

국세청 홈페이지와 홈택스, 무엇이 다를까?

국세청 홈페이지(www.nts.go.kr) 세금의 개념과 이론을 설명하는 세금 교과서

국세청 홈페이지는 세금 전반에 대한 정보를 제공하는 사이트입니다. 마치 교과서처럼 세금의 기본 개념과 정책, 세법 개정 사항 등을 설명해 줍니다. 세금의 원리를 이해하고 싶다면 국세청 홈페이지를 참고하면 됩니다.

국세청 홈페이지에서 할 수 있는 일

소득세, 부가가치세, 법인세 등 세금 개념 학습

최신 세법 개정 사항 확인

국세 행정 서비스 및 제도 안내

각종 세무 자료 및 연구 보고서 열람

홈택스(www.hometax.go.kr) 세금 신고와 납부를 할 수 있는 온라인 세무서

실제 세무 업무를 처리할 수 있는 온라인 사이트. 과거에는 세금 신고와 납부를 하려면 직접 세무서에 방문해야 했지만, 이제는 홈택스에서 대부분의 세무 업무를 처리할 수 있습니다.

홈택스에서 할 수 있는 일

연말정산 신고 및 환급 신청

소득세, 부가가치세, 법인세 신고 및 납부

세금 신고 내역 조회 및 출력 (납세증명서 발급 등)

전자세금계산서 발행 및 관리

국세청 홈페이지		홈택스
세금 개념 및 제도 안내	역할	세무 업무 처리
세금 교과서	성격	온라인 세무서
세법 해설, 정책 안내, 최신 개정 정보 제공	주요 기능	세금 신고, 납부, 환급 신청, 증명서 발급 등
세금 개념을 알고 싶은 사람	이용 대상	실제 세무 업무를 처리해야 하는 사람

어떻게 이용해야 할까?

세금 개념을 배우고 싶다면? ⇨ 국세청 홈페이지

세금 적용을 더 자세히 알고 싶다면? ⇨ 국세청 홈페이지와 홈택스 자료실 및
상담사례 참고, 홈택스 모의계산 활용

→ 107쪽 연말정산 미리 해 보기

세금 신고·납부 또는 증명서를 출력하고 싶다면? ⇨ 홈택스

세금 정보를 검색하다 보면 다양한 개인이나 기업에서 제공하는 자료를 접하게 됩니다. 하지만 이러한 자료를 참고할 때는 중요한 것이 있습니다. 첫째, 세무 전문가가 작성한 신뢰할 수 있는 정보인지, 둘째, 최신 세법이 반영된 자료인지를 반드시 확인해야 합니다.

세법은 자주 바뀌기 때문에 오래된 정보나 비전문가의 해석을 그대로 믿고 따라가면 예상치 못한 불이익이 생길 수 있습니다. 정확한 정보를 얻으려면 국세청 홈페이지나 공인된 세무 전문가의 자료를 우선 참고하세요!

세금은 어디에 쓰일까?

세금이 마치 공중으로 증발하는 돈처럼 느껴질 때가 있습니다. 하지만 앞에서 설명한 대로 세금은 우리가 사는 세상 곳곳에 녹아 있습니다.

우선 가장 큰 부분이 사회 기반 시설입니다. 출근길에 이용하는 도로와 지하철, 버스 같은 교통망을 유지하고 확충하는 데 사용됩니다. 병원에 가면 건강보험 혜택을 받을 수 있고, 아이들은 공립학교에서 공부할 수 있어요. 이 모든 것들이 세금으로 운영됩니다. 두 번째로, 사회복지와 공공 서비스에 쓰입니다. 기초생활수급자 지원, 실업급여, 국민연금, 장애인 복지 서비스, 어린이집 운영 같은 것들이죠. 우리가 크게 신경 쓰지 않는 곳에서도 세금이 사용돼요. 길거리에 가로등이 켜지는 것, 경찰과 소방관이 24시간 대기하는 것, 공원이나 도서관이 무료로 운영되는 것 모두 세금 덕분입니다.

내가 낸 세금은 내가 직접 이용하지 않는 곳에도 쓰입니다. 즉 세금은 개인이 낸 돈이지만, 사회 전체를 돌아가게 만드는 윤활유 같은 역할을 합니다. 예를 들어, 지금 건강한 사람은 병원을 자주 이용하지 않지만, 국민건강보험료를 내고 있죠. 하지만 나중에 큰 병이 생기면, 내가 낸 돈보다 훨씬 많은 치료비를 지원받을 수도 있습니다.

세금은 미래를 위한 투자이기도 합니다. 정부가 연구개발(R&D)에 투자하고, 신기술을 지원하며, 대학과 학교에 교육 예산을 투입하는 것도 결국 국가 경쟁력을 높이기 위한 일이죠.

따라서 세금을 낼 때 아깝다고 생각하기보다는 어디에 쓰이는지 제대로 이해하는 게 중요합니다. 어떻게 쓰이는지를 알면, 우리가 받을 수 있는 혜택도 더 잘 활용할 수 있어요. 세금이 잘못 쓰이고 있다면, 국민으로서 감시할 권리도 있습니다. 결국 세금은 우리 사회를 더 나아지게 만드는 공동의 재원입니다.

그래서 세금은 무작정 내는 게 아니라, 잘 활용하는 게 중요합니다. 절세 방법을 알고, 내가 받을 수 있는 지원도 챙겨야 하죠. 앞으로 세금 아끼는 법도 하나씩 알려 드릴 테니, 이제부터 세금과 조금 친해지는 게 어떨까요?

세금 여행을 시작하기 전에 기억해야 할 것들

세금을 알아보기 전에 기억해야 할 것이 있습니다. 거주자와 비거주자에게 적용되는 세금이 다르고, 세금을 부과하는 데는 최저한도가 있다는 겁니다. 또 소득세와 늘 함께하는 지방소득세가 있습니다.

세법상 거주자와 세법상 비거주자 구분

'세법상 거주자'는 국적과는 다른 개념입니다. 파란 눈의 외국인이라도 한국에서 경제 활동을 하고 일정 기준을 만족하면 거주자가 됩니다. 한국인이라도 대한민국에 집이 없고, 머무는 기간이 1년의 반도 안 된다면 '세법상 비거주자'로 분류됩니다. 거주자와 비거주자에게 적용되는 세금은 다릅니다. 한국에 주소를 두거나 183일 이상 거주하는 개인은 거주자로 간주해 전 세계 소득에 대해 우리나라에 세금을 내야 합니다. 비거주자는 한국에서 벌어들인 소득에 대해서만 한국에 세금을 냅니다. 다만 한국에 5년 이하로 거주한 외국인이라면 국외소득 중 한국으로 송금된 부분에만 과세되는 등 특별한 경우도 있습니다. 거주자와 비거주자에게 적용되는 세법은 다른 경우가 많기 때문에, 특별한 언급이 없다면 거주자에 대한 이야기라고 이해하면 됩니다.

과세최저한

아주 작은 금액에는 세금을 부여하지 않습니다. 예를 들어 미성년자에게 2천만 원을 넘게 증여하면 초과 금액에 증여세가 부과됩니다. 그럼 2천 1만 원을 증여하면 1만 원에 대한 증여세를 내야 할까요? 그렇지 않습니다. 증여세는 과세표준(세액 산정의 기준이 되는 금액)이 50만 원을 넘을 때부터 과세한다고 법에 정해 두었습니다. 2천만 원을 초과한 50만 원의 증여세는 5만 원인데, 5만 원 이하의 세금을 걷는 것은 행정 낭비일 수 있다는 취지입니다. 이 최저한은 세금의 종류에 따라 다릅니다.

소득세에 늘 따라오는 지방소득세

이자소득에는 14%의 소득세를 냅니다. 하지만 우리는 15.4%라고 이야기합니다. 연금세액공제도 납입액의 12%의 소득세 혜택을 받습니다. 하지만 미디어에서는 13.2%라고 이야기합니다. 그 이유는 국세인 소득세에는 항상 지방세인 지방소득세 10%가 추가로 부과되기 때문입니다.

난생처음 세금 여행

절세와 탈세의 차이

우리가 세금을 덜 낼 방법이 있을까요? 세금을 줄이는 것이 바로 절세입니다. 하지만 주의해야 할 점도 많습니다. 먼저 절세와 탈세의 차이를 확실히 이해해야 합니다.

절세는 준비된 사람에게 주는 선물입니다. 많은 사람이 절세를 복잡하고 어렵다고 생각하지만, 세법에는 절세를 돕기 위한 여러 가지 혜택과 기회가 마련되어 있습니다. 중요한 건 그 기회를 알고, 활용하는 것이죠.

절세에 필요한 것은 비범한 재무 지식이 아니라, 작은 관심과 습관입니다. 매년 내 연말정산 명세서를 검토하면서 빠진 것이 없는지 확인하는 습관, 사업할 때 지출한 경비를 잘 정리하는 습관, 이런 작은 행동만으로도 세금 부담은 줄어들 수 있습니다.

결국 절세란 법이 제공하는 혜택을 최대한 활용하는 것입

절세 vs. 탈세

절세는 기회**, 탈세는** 위험	절세는 세법이 제공하는 기회를 잡아 합법적으로 세금을 줄이는 행위이고, 탈세는 법을 어기고 위험을 감수하며 세금을 피하려는 행위입니다.
절세는 전략**, 탈세는** 함정	절세는 장기적인 재정 계획의 일부로 세금을 줄이는 전략인 반면, 탈세는 당장의 유혹에 빠져 법적 함정에 빠질 가능성이 큽니다.
절세는 준비**, 탈세는** 회피	절세는 세법을 이해하고 대비해 혜택을 누리는 준비된 행동이고, 탈세는 책임을 회피하려는 무모한 선택입니다.

니다. 이것은 위험을 무릅쓰는 도박이 아니라, 정부가 응원하는 현명한 선택입니다. 그리고 이 선택이 모이고 쌓여 나의 재정을 더욱 건강하게 만듭니다.

　탈세는 세금을 회피하기 위해 법을 어기는 행동입니다. 소득을 일부러 신고하지 않거나 허위 경비를 만들어 내는 행동이 여기에 해당합니다. 탈세는 단기적으로는 세금을 줄이는 것처럼 보일 수 있지만, 결국엔 과태료나 형사 처벌로 이어질 가능성이 큽니다. 마치 경기 규칙을 어기고 부정행위를 하다가 퇴장당하는 선수와 같습니다.

난 생 처 음 세 금 여 행

조금 위험한 절세

절세는 크게 두 가지로 나눌 수 있습니다. 첫 번째는 세법이 제공하는 혜택을 잘 찾아서 활용하는 방식입니다. 예를 들어, 연금저축 계좌나 IRP(개인퇴직연금계좌)에 돈을 저축하면 소득세를 줄일 수 있습니다. 이런 건 정부가 우리에게 은퇴를 준비하라고 준 보너스 같은 거예요. 기부금을 공제받거나 주택자금 대출 이자를 공제받는 것도 같은 맥락입니다. 이런 절세는 완전히 합법적이고, 정부가 오히려 장려하는 행동입니다.

하지만 두 번째 절세는 조금 미묘합니다. 바로 세법의 허점을 찾아내거나 꼼수를 써서 세금 부담을 줄이는 것인데, 엄밀히 말하면 이것도 법적으로 문제가 없는 절세의 범주에 들어갈 수 있습니다. 그런데 여기서 중요한 건 의도입니다. 과세당국이 이를 악용으로 판단하거나 의도를 의심하면, 나중에 문제가 생길 수 있습니다. 그러니까 이런 방식을 사용할 때는 매우 조심해야 합니다.

나도 모르는 탈세

나도 모르게 세무대리인이 탈세했다면?

세금 신고를 세무사나 대리인에게 맡길 때, 내용을 꼼꼼히 확인하지 않으면 나도 모르는 사이에 탈세를 저지를 수 있습니다. 실제로 고객의 세금을 많이 환급해 주기로 유명한 세무사가 적발되면서 그 세무사에게 소득세 신고를 맡긴 고객들이 거액의 가산세를 납부한 사례가 있었습니다. 대리인이 잘못된 정보를 제출했는데도 이를 확인하지 않았다면, 그 책임은 결국 납세자인 내가 지게 된다는 점을 기억해야 합니다.

환급액의 일정 비율을 수수료로 받아 가는 세무대리인은 환급액이 많아지는 것에 대한 위험을 고객에게 전가할 가능성이 있으므로 더욱 주의를 기울여 검토해야 합니다.

모르고 또는 실수로 세금을 안 내거나 덜 내면

고의가 아니라 실수로 혹은 몰라서 신고를 잘못했을 때는 경제적 페널티인 가산세가 부과됩니다. 납세자에게 부과한 여러 의무를 '몰라서' 이행하지 않았다는 사실로 패널티를 면제받지는 못합니다.

소득 신고를 누락하면, 납부불성실가산세나 신고불성실가산세 등을 추후 납부해야 합니다. 고의성이 없는 단순 실수라면, 과태료나 이자를 내야 할 수는 있어도 형사 처벌로 이어지는 일은 드뭅니다. 중요한 것은 실수를 발견했을 때 빠르게 수정하고 신고하는 겁니다.

조세포탈은 형사 처벌

탈세 중에서도 조세포탈은 심각한 범죄입니다. 단순한 실

난생처음 세금 여행

수가 아니라, 의도적으로 세금을 피하려는 행동이기 때문입니다. 법에서는 세법 위반 행위의 '위법성'과 '반사회성'을 기준으로 조세포탈을 판단합니다. 탈세 규모가 크고, 사기나 그 밖의 부정한 행위로 세금을 포탈하는 경우에는 2년 이하의 징역형이나 포탈세액 2배 이상의 벌금형 등 형사 처벌을 합니다. 이중장부 작성, 거짓 문서 작성, 장부와 기록의 파기, 세금계산서나 계산서의 조작 등이 대표적인 조세포탈의 예입니다.

절세가 목적이 되면 안 되는 이유

"세금을 아끼는 게 좋은 거 아닌가요?"라는 질문을 받을 때마다 저는 이렇게 대답합니다. "물론이죠! 하지만 절세가 목적이 되어서는 안 됩니다." 이 말이 조금 의외로 들릴 수도 있어요. 세금을 줄이는 것이 재무 관리에서 중요한 부분임은 맞지만, 그것이 최우선 목표여서는 안 되는 이유가 있답니다.

세후 현금 흐름이 더 중요하다

절세는 단기적인 관점에서 유리해 보일 수 있지만, 재정 관리는 항상 장기적인 시각에서 바라봐야 합니다. 세금을 아끼려고 소득을 줄이는 전략을 선택했다면 당장 세금은 줄어들겠죠. 하지만 세후 현금 흐름이 나빠진다면 무슨 소용일까요?

절세를 위해 필요 이상으로 비싼 물품을 사는 걸 종종 보게 됩니다. 또는 불필요한 보험상품 등을 권할 때 절세를 강조하는 예도 많이 봤습니다. 결과적으로 세금은 줄었지만, 남는 현금이 부족해 추후 사업 운영에 어려움을 겪게 되기도 합니다. 세금을 조금 더 내더라도 세후 현금 흐름이 원활하다면, 그게 더 나은 선택입니다.

세금을 아끼기 위해 내리는 어리석은 결정들

세금만 줄이겠다고 생각하면 종종 어리석은 선택을 하게 됩니다. 이를테면 친구가 미국 주식은 매매 차익에 세금을 내기 때문에 투자하지 않겠다고 말하면 어떨까요? 혹은 세액공제를 받기 위해 과도하게 절세 상품에 납입하는 것은 합리적일까요?

이처럼 절세만 바라보고 의사결정을 하면, 자신의 상황에서 할 수 있는 최선을 선택하지 못하게 될 수도 있습니다. 중요한 건 세금 혜택을 보면서도 본인의 재무 목표와 잘 맞는 선택을 하는 것입니다.

내 성향에 따른 절세 전략이 필요하다

모든 사람이 같은 방식으로 절세를 해야 하는 것은 아닙니다. 절세 전략은 개인의 성향, 재무 상황 그리고 위험에 대한 태도에 따라 달라져야 합니다. 어떤 사람은 공격적인 절세 전략을 좋아할 수 있지만, 또 다른 사람은 안정적인 현금 흐름과

난생처음 세금 여행

명예를 더 중시할 수 있습니다. 저는 항상 이렇게 말합니다.

"세금을 줄이는 것보다, 내가 편안하게 잘 수 있는 선택을 하는 것이 더 중요합니다."

절세는 수단일 뿐이다

세금을 아끼기 위해 나와 맞지 않는 결정을 하거나, 중요한 관계를 희생하거나, 세후 현금 흐름을 망가뜨리는 선택을 한다면, 절세의 의미가 퇴색되고 맙니다.

재정 관리는 내 삶을 더 풍요롭고 안정적으로 만드는 과정입니다. 절세는 이 목표를 달성하기 위한 하나의 수단일 뿐, 그것이 전부가 되어선 안 된다는 사실을 꼭 기억하세요. 당신의 재정적인 선택이 세금 부담을 줄이는 동시에, 삶의 가치를 더 높이는 방향으로 이어지길 바랍니다.

세금을 공부해야 하는 이유

세금은 우리가 일상생활에서 매일 접하면서도 가장 무지하기 쉬운 분야 중 하나입니다. 세금에 대한 지식이 부족하면 불필요한 손해를 볼 수 있습니다. 실제 사례를 통해 세금 공부의 필요성을 짚어 보겠습니다.

사례1 놓친 연말정산 부모님 공제 등

B 씨는 직장 생활을 하며 매년 연말정산을 진행했습니다. 부모님을 부양하며 공제 대상이라고 생각했지만, 실제로는 부모님공제가 누락된 상황이었습니다. 그러나 B 씨는 연말정산에서 이를 확인하지 않고 자동으로 공제를 받았다고 생각했습니다. 몇 년 후 재무코칭을 받는 과정에서 스스로 과거 연말정산을 검토하게 되었고, 이를 통해 B 씨가 부모님 공제를 받지 못했다는 사실을 인지했습니다. 다행히 5년이 지나지 않은

시점이었기 때문에 경정청구를 통해 세금 환급을 받을 수 있었습니다. 만약 그때 연말정산을 검토하지 않았더라면, 불필요하게 세금을 더 낸 사실조차 모르고 지나갔을 것입니다.

✅ 연말정산은 단순히 회사에서 제공하는 자동화된 프로세스에 의존해서는 안 됩니다. 자신의 소득 신고 서류를 직접 확인하고 부모님 공제와 같은 당연한 항목들도 꼼꼼히 검토해야 합니다.

사례 2 돌아가신 부모님 공제, 소득이 있는 부양가족 공제로 인한 과다 환급

C 씨는 연말정산을 검토하던 중 10년 전에 돌아가신 부모님공제를 여전히 받고 있다는 사실을 발견했습니다. 이로 인해 부당 공제가 발생했으며, 과다 환급된 세금을 향후 가산세와 함께 납부해야 하는 상황이 되었습니다. 이는 단순히 연말정산 서류를 확인하지 않은 채 매년 자동으로 처리된 결과였습니다.

또 소득이 있는 부모님 공제나 자녀 공제의 경우 국세청에서 자동으로 확인할 수 없기 때문에 주의를 기울여야 합니다.

✅ 연말정산에서 부당공제가 발생하지 않도록 공제 내역을 주기적으로 점검해야 합니다.

사례 3 가족의 세금을 관리하는 한 사람의 중요성

가족 중 유일하게 세금에 관심을 두고 공부한 D 씨는 가족의 연말정산과 사업소득 신고를 도와주는 과정에서, 형제 중 한 명이 놓쳤던 의료비 세액공제를 발견했습니다. 이 공제로 형제는 50만 원을 추가 환급받을 수 있었습니다. 나머지 형제들의 과거 5년 치 연말정산을 다시 검토해 보니 추가로 환급받을 수 있는 것들이 많았습니다. 결국 가족의 세금 수백만 원을 아껴 주었습니다.

> ⊘ 가족 중 한 사람이라도 세금에 대해 잘 알고 관리한다면, 온 가족이 불필요한 세금 부담을 줄이고 재정을 효율적으로 관리할 수 있습니다.

세금을 몰라서 더 낸 사례를 살펴보면, 단순히 실수로 세금을 더 낸 것만이 문제가 아니라는 사실을 알 수 있습니다. 더 낸 줄도 모르고 지나간다는 건, 곧 내 돈이 조용히 새고 있다는 뜻이기도 합니다. 지금은 그 차이가 몇만 원, 몇십만 원일 수 있지만, 시간이 흘러 소득이 늘어나거나 자산이 커지면 그 액수는 결코 무시할 수 없는 수준이 될 수 있습니다.

세금은 당장 내지 않아도 괜찮아 보일 수 있고, 자동으로 처리되니까 마음이 편할 수도 있습니다. 하지만 그 편안함이 결국 불필요한 지출로 이어지고 있다면, 지금부터라도 조금씩 알아두는 것이 좋습니다. 다행히 세금은 모든 걸 깊이 파고들지 않아도 됩니다. 큰 개념 하나만 정확히 알면 평생 두고두고 써먹을 수 있습니다. 내 돈을 지키는 데도, 가족들의 세금을 챙기는 데도 큰 도움이 되지요.

이 책은 바로 그 시작이 될 수 있습니다. 어렵다는 생각보다 '내 돈을 지키고 싶다'라는 마음으로, 지금부터 천천히 함께 배우면 어떨까요? 이제 본격적으로 우리가 실천할 수 있는 첫 절세 전략을 이야기해 보겠습니다.

제2장
소득세와 연말정산 절세 전략

→ 환급액보다 중요한 결정세액을 알아보자

→ 연말정산은 자동으로 되는 거 아니었나요?

BOARDING PASS

세금 여행지도 Let's go!

소득이 생기는 순간

근로소득자의 소득세와 연말정산

원천징수 O
근로소득, 이자소득, 배당소득
사업소득, 연금소득, 기타소득

원천징수 X
사업소득, 부동산 임대소득,
기타소득 등

근로소득 O   근로소득 X

12월 연말정산 → **5월 종합소득세 신고**

근로소득공제 차감
계산식에 의함

근로소득금액 계산

근로외의 소득이
있는 경우
5월에 다시 신고

종합소득금액 계산
·필요경비 차감
·근로소득금액 합산
·2천만 원이 넘을 시 금융소득 합산

종합소득금액 계산
근로소득금액과 동일

소득공제 적용
인적 공제, 신용카드 사용액, 주택자금 등

과세표준 산출
종합소득금액 − 소득공제금액

누진세율 적용 산출세액 계산

↓

세액공제 적용
연금저축, 의료비, 교육비, 기부금 등

↓

결정세액 확정

↓

기납부세액과 비교

환급   **추가 납부**

↓

다음 연도 대비 절세 전략 수립

·신용카드 사용 전략   ·소득공제 누락 확인
·의료비 등 지출 시기 조정   ·세액공제(연금저축 등) 반영 여부 점검
·연금저축, ISA 등 활용   ·수정신고, 경정청구 검토

연말정산을 통한 환급 근로소득자는 회사에서 진행하는 연말정산을 통해 2월~3월 급여에 포함되어 환급됩니다.

종합소득세 신고를 통한 환급 소득세는 신고 마감일(5월 31일) 기준 30일 이내(6월 말~7월 초)에 지급됩니다. 환급액의 10%인 지방소득세는 구청에서 별도로 입금됩니다(7월~8월).

내겐 너무 어려운 연말정산

많은 사람이 연말정산을 '세금 돌려받는 행사' 정도로만 알고 있습니다. 환급액이 기대보다 적거나, 오히려 더 내야 한다는 이야기를 들으면 왠지 큰 손해를 보는 것 같아 화가 나죠. 하지만 연말정산은 단순한 환급 절차가 아닙니다. 사실은 소득세를 정산하는 과정입니다.

소득세는 말 그대로 소득에 따라 내는 세금입니다. 정부는 월급, 사업 수입, 연금, 배당금 등 다양한 소득에 세금을 매깁니다. 근로소득자는 회사가 매달 월급에서 미리 소득세를 떼서 대신 납부해 주는데, 이걸 원천징수라고 합니다. 원래 1년 소득에 대한 소득세는 이듬해 5월에 내는 것이 원칙입니다. 하지만 근로자에게 1년 치 세금을 한꺼번에 내라고 하면 못 낼 수도 있겠죠? 그걸 우려해서 달달이 할부로 세금을 미리 받아가는 조치라고 이해해도 좋습니다.

그런데 미리 낸 세금이 정확히 내가 내야 할 세금과 항상 일치하진 않습니다. 교육비나 의료비를 많이 썼거나, 부양가족이 있는 등 공제받을 수 있는 요소가 사람마다 다르기 때문입니다. 그래서 연말이 되면 1년 동안의 소득과 공제를 다시 계산해서 실제로 내야 할 세금과 미리 낸 세금을 비교해 정산합니다. 이것이 연말정산입니다.

즉 연말정산은 소득세라는 큰 틀 안에 포함된 한 부분입니다. 그래서 연말정산을 제대로 이해하고 활용하려면, 먼저 소득세가 어떤 구조로 계산되는지를 이해하는 게 중요합니다. 그래야 내가 어떤 공제를 받을 수 있는지, 어떤 항목에서 세금을 아낄 수 있는지를 제대로 판단할 수 있으니까요.

이 장에서는 먼저 소득세의 전체 그림을 함께 그려 봅니다. 그 안에서 연말정산이 어떤 의미가 있는지, 왜 중요한지를 살펴본 뒤에 연말정산을 똑똑하게 활용할 수 있는 실질적인 절세 전략까지 안내해 드릴게요.

알고 보면 연말정산은 '복잡한 세금 계산'이 아니라, '미리 낸 세금과 실제 낼 세금을 맞춰 보는 일'입니다. 연말정산, 이번 기회에 천천히 이해해 볼까요?

난 생 처 음 세 금 여 행

소득세의 흐름

소득세라고 하면 대부분은 '월급에서 떼 가는 세금'을 떠올리지만, 사실 소득세는 훨씬 넓은 개념입니다. 우리가 세법상 소득세라고 부르는 건 크게 세 가지가 있어요. 부동산이나 해외 주식을 팔아서 생긴 이익에 부과되는 양도소득세, 회사를 퇴직하면서 받는 퇴직금에 대한 퇴직소득세, 1년 동안 벌어들인 다양한 소득을 합산해서 계산하는 종합소득세가 그것입니다.

앞으로 양도소득세는 5장에서, 퇴직소득세는 퇴직연금과 함께 4장에서 다루고, 지금은 종합소득세에 대해 알아보겠습니다. 종합소득세 안에 연말정산도 포함되어 있습니다. 연말정산은 근로소득에 대해 미리 낸 세금과 실제 내야 할 세금을 다시 정산하는 절차, 즉 '근로소득에 대한 종합소득세'를 정리하는 과정입니다.

종합소득세는 어떻게 계산될까요? 핵심은 1년 동안 번 소득을 모두 합산한다는 데 있습니다. 그런데 여기서 말하는 소득은 무척 다양합니다. 회사에서 받은 월급은 근로소득, 가게를 운영하거나 부동산을 임대해서 번 돈은 사업소득, 예금에서 받은 이자는 이자소득, 주식 배당은 배당소득, 가끔 받는 강연료 등은 기타소득, 국민연금이나 개인연금으로 받는 건 연금소득이라고 부릅니다. 이 모든 걸 모아서 한 사람이 1년간 얻은 종합적인 소득을 종합소득이라고 부릅니다.

여기서 하나 짚고 넘어가야 할 중요한 개념이 있습니다. 바로 '소득금액'이라는 용어입니다. 일반적으로 소득이라고 하면 내가 번 돈을 말하지만, 세법에서 말하는 소득금액은 그보다 조금 더 정제된 개념이에요. 즉 단순히 번 돈이 아니라, 거기서 뭔가를 뺀 금액입니다. '뺀 것'이 무엇이냐에 따라 이름이 조금씩 달라지는데요, 근로소득에서는 '근로소득공제', 사업소득이나 기타소득에서는 '필요경비'라고 합니다.

연봉 5천만 원을 받는 직장인이 있다면, 5천만 원이 근로소득이고, 여기에 일정 금액을 공제한 뒤 남는 금액이 근로소득금액입니다. 마찬가지로 강의료 100만 원을 받으면 그게 기타소득이고, 60%의 필요경비를 뺀 40만 원이 기타소득금액이 됩니다.

이렇게 각각의 소득에서 필요경비나 소득공제를 뺀 소득금액을 다 합산하면, '종합소득금액'이 됩니다. 그런데 여기서

난생처음 세금 여행

한 번 더 차감해 주는 항목이 있어요. 바로 '종합소득공제'입니다.

종합소득공제는 소득별로 빠지는 항목과는 달리, '소득금액을 모두 합산한 뒤' 전체 금액에서 한 번 더 깎아 주는 공제입니다. 1차로 소득별 공제(소득공제 또는 필요경비)를 빼고, 2차로 종합소득금액에서 전체적으로 다시 한번 공제하는 구조예요.

이처럼 공제는 한 번만 있는 게 아니라 단계별로 여러 번 등장합니다. 그래서 어떤 공제가 어느 단계에서 적용되는지를 이해해야 합니다. 이 흐름을 머릿속에 그려 두면, 나중에 어떤 항목이 빠졌는지 확인할 때도 훨씬 수월해집니다.

결국 종합소득세를 줄이는 데 중요한 건 어디서 얼마나 잘 빼느냐입니다. 소득공제와 필요경비는 세금의 바탕이 되는 금액을 줄여 주고, 세액공제는 그 위에 더해진 세금을 직접 깎아 줍니다. 이 둘을 잘 챙기면 세금을 합법적으로, 효과적으로 줄일 수 있죠. 이게 바로 절세의 핵심입니다.

이제 이 흐름을 바탕으로, 종합소득세가 실제로 어떻게 계산되는지 하나씩 살펴보겠습니다. 이 구조를 이해하면, 연말정산뿐 아니라 다양한 절세 전략이 눈에 들어올 겁니다.

종합소득세 계산하기

　종합소득금액은 다양한 소득을 합산해 계산합니다. 여러 가지 소득공제를 적용해 과세표준을 줄이고, 누진세율(6~45%)을 적용해서 산출세액을 구한 후, 세액공제를 활용해 최종적으로 납부할 세금을 줄입니다. 그리고 이미 납부한 세금(기납부세액)을 차감해서 최종 납부 또는 환급을 결정하는 거죠. 따라서 소득세를 절세하려면 소득공제와 세액공제를 적극적으로 활용하는 것이 핵심입니다.

종합소득세 계산 과정

종합소득금액 계산

다양한 소득을 합산해 계산합니다.
- 이자, 배당 소득(예금 이자, 채권 이자, 주식 배당금 등) ➡ 2천만 원이 넘는 경우에만 합산
- 사업소득(자영업, 프리랜서, 부동산 임대 등)
- 근로소득(월급, 연봉, 기타 회사에서 받은 금전적 혜택 등)
- 연금소득(공적, 사적 연금 수령액) ➡ 사적 연금에는 합산되지 않는 소득도 있음
- 기타소득(비경상적으로 발생하는 강연료, 인세 등) ➡ 합산하지 않는 경우도 있음

소득공제 적용

소득공제는 일정 조건을 충족하면 소득에서 제외해 주는 항목입니다. 종합소득금액에서 소득공제를 차감하면, 세금을 매기는 기준인 과세표준이 결정됩니

다. 소득공제를 많이 받을수록 과세표준이 낮아져 세금을 줄일 수 있습니다.

- 기본 공제: 본인, 배우자, 부양가족 공제
- 추가 공제: 경로우대(노령자), 장애인 공제 등
- 연금보험료 공제: 국민연금 등
- 주택담보 노후연금 이자비용 공제
- 특별소득공제: 건강보험료, 고용보험료, 주택자금 차입 관련 등
- 조세특례제한법상 공제: 주택마련저축, 신용카드 등 사용 금액, 소기업·소상공인 공제부금 등

과세표준과 세율 적용

종합소득 과세표준에 소득세율을 적용해 산출세액을 계산합니다. → 74쪽 누진공제 적용하기

세액공제, 세액감면 적용

산출세액에서 세액공제 및 세액감면을 적용하면 실제 납부해야 할 세금이 줄어듭니다.

- 특별세액공제: 보험료, 의료비, 교육비, 기부금 등 ➡ 근로자만 가능
- 기장세액공제: 성실신고한 사업자 대상 공제
- 외국납부세액공제: 해외에서 납부한 세금 공제
- 근로소득세액공제: 근로소득자의 소득세 일부 감면
- 배당세액공제: 배당소득에 대한 중복과세 방지

가산세 적용 및 기납부세액 차감

늦게 신고하거나 필수 증빙이 없으면 가산세가 추가될 수 있습니다. 그 후 원천징수나 중간예납으로 이미 납부한 기납부세액을 차감합니다.

최종 납부(또는 환급)할 세액 결정

최종적으로 납부할 세금 또는 환급받을 세금이 확정됩니다.

- 기납부세액 < 결정세액 ➡ 차액을 추가 납부

• 기납부세액 > 결정세액 ➡ 초과 납부한 세금을 환급

✔ **종합소득세 신고 및 납부 기한**

매년 5월 1일부터 5월 31일까지 종합소득세 신고 및 납부를 마쳐야 합니다. 예외적으로 성실신고확인대상자는 6월 30일까지 한 달 더 연장되는데, 일반 개인사업자 중에 매출이 일정 금액 이상인 사람만 해당되고, 자세한 기준은 업종에 따라 다르게 정해져 있습니다.

원천징수를 이해하자

종합소득세를 이해할 때 먼저 알아야 할 중요한 개념이 원천징수입니다. 그러나 원천징수라는 용어를 들어 본 적은 있지만, 정확히 무엇을 의미하는지 모르는 경우가 많습니다.

원천징수(Withholding Tax)는 소득이 발생하는 시점에서 미리 세금을 떼어 내는 것을 말합니다. 즉 개인이 직접 세금을 납부하기 전에, 돈을 지급하는 쪽(회사, 은행 등)에서 미리 세금을 떼어 국세청에 대신 납부하는 방식입니다. 국세청이 개별 납세자의 모든 소득을 일일이 추적해서 세금을 걷는 것은 현실적으로 어렵습니다. 그래서 월급을 주는 회사나 이자를 지급하는 은행이 먼저 세금을 징수하는 방식을 채택한 것입니다.

개인은 원천징수를 당하는 입장이 되고, 기업이나 기관은 원천징수를 하는 역할을 맡게 됩니다.

쉽게 이해하는 원천징수

- 직장인은 월급을 받을 때 소득세를 미리 떼고 받는다.
- 정기예금 이자를 받을 때도 이자소득세가 미리 공제된 금액이 입금된다.
- 사업소득이나 강사료를 받을 때도 일정 세율(3.3% 또는 8.8%)이 공제된 후 지급된다.

국세청과 기업이 원천징수를 하는 이유

원천징수는 세금을 미리 거두는 것 이상의 의미가 있습니다.

첫째, 세금 체납 방지 목적입니다. 납세자가 세금을 한꺼번에 내는 부담을 줄이고, 세금을 체납하는 상황을 방지하기 위해서죠. 만약 월급을 받을 때 원천징수를 하지 않으면, 매년 5월 종합소득세 신고 때 한꺼번에 몇백만 원의 세금을 내야 합니다. 그러면 세금을 준비하지 못한 사람들이 많아질 것이고, 체납이 늘어날 가능성이 커집니다.

둘째, 소득을 쉽게 파악하기 위해서입니다. 국세청은 원천징수를 통해 누가 얼마나 벌고 있는지 실시간으로 파악할 수 있습니다. 근로소득세 원천징수로 국세청은 각 개인의 연봉을 쉽게 알 수 있고, 이 정보를 바탕으로 연말정산 안내문을 발송할 수 있습니다.

셋째, 세금 환급을 조정할 수 있습니다. 사람들은 세금을 미리 떼일 때는 불만이지만, 연말정산에서 환급을 받으면 좋아합니다. '일단 거둬서 나중에 돌려주는 방식'이 납세자 반응도 좋고, 세금 징수율도 높이는 효과가 있습니다.

그런데 기업이 원천징수를 하는 이유는 무엇일까요? 법적으로 원천징수 의무가 있어서 하지 않으면 가산세(추가 세금 부과)가 발생하기 때문입니다. 또 원천징수되지 않은 인건비는 비용으로 인정되지 않아 법인세 부담이 증가합니다. 그래서 기업은 법적으로 원천징수를 철저히 수행해야 합니다.

난생처음 세금 여행

소득 유형	원천징수율	예시
근로소득	급여에 따라 다름	월급을 받을 때 소득세가 자동 공제
이자소득	15.4%	은행 예금 이자, 채권 이자 등
배당소득	15.4%	주식 배당금
사업소득	3.3%	프리랜서 수입, 사업자 외주 대금
기타소득	8.8%	강연료, 인세 등 일시적 소득
연금소득	3.3~5.5%	

원천징수가 적용되는 소득

원천징수는 우리가 받는 여러 가지 소득에 적용됩니다. 연봉을 받는 직장인은 월급에서 소득세가 미리 원천징수됩니다. 정기예금 이자를 받을 때는 은행이 이자 지급 전에 15.4%(소득세 14%, 지방소득세 1.4%)를 원천징수 후 지급합니다. 프리랜서(사업소득자)가 외주 대금을 받을 때는 3.3%를 원천징수하고 지급합니다.

원천징수된 세금, 돌려받을 수 있을까?

원천징수된 세금은 연말정산(근로소득자) 또는 종합소득세 신고(사업소득자) 과정에서 정산됩니다.

원천징수된 금액 〉 실제 내야 할 세금 → 초과분을 환급받음

원천징수된 금액 〈 실제 내야 할 세금 → 부족분을 추가 납부

근로소득자의 경우(연말정산) 회사가 원천징수한 세금과 연말정산 결과를 비교해 더 낸 세금은 돌려받고, 덜 낸 세금은 추가 납부합니다. 만약 월급에서 기납부세액 200만 원을 원천징수했지만, 연말정산 결과 실제 세금이 170만 원이라면 30만 원을 환급받습니다. 반대로 실제 세금이 220만 원이라면 20만 원을 추가 납부해야 합니다.

사업소득자의 경우(종합소득세 신고) 사업자는 사업에 필요한 비용을 제외하고 과세표준을 산정한 후, 5월 종합소득세 신고 시 원천징수된 세금과 비교하여 추가 납부 또는 환급받습니다.

✅ 원천징수를 이해하면 세금이 보인다

- 원천징수는 세금을 미리 떼어 내는 제도. 소득이 발생하면에 기업이 국세청에 대신 납부!
- 국세청은 원천징수를 통해 체납을 방지하고, 납세자의 소득을 실시간으로 파악!
- 연말정산이나 종합소득세 신고로 원천징수된 세금이 많으면 환급!

근로소득자를 위한 연말정산의 모든 것

앞서 살펴본 종합소득세는 1년 동안의 소득을 정리해서 5월에 신고하고 납부하는 세금입니다. 그런데 모든 사람이 5월에 종합소득세를 신고해야 하는 것은 아닙니다.

근로소득만 있는 직장인은 1년에 한 번, 1~2월에 연말정산이라는 과정을 통해 자신이 낸 세금을 정리합니다. 회사가 매달 월급에서 미리 뗀 세금(원천징수)이 실제 부담해야 할 세금보다 많거나 적을 수 있기 때문에, 1년 치 소득과 공제를 다시 계산해 차액을 돌려주거나 추가로 납부하는 거죠.

이 과정을 통해 근로소득에 대한 종합소득세 신고가 사실상 끝납니다. 그래서 법에서도 '근로소득만 있는 사람은 따로 5월에 종합소득세 신고를 하지 않아도 된다'라고 정해 두었습니다.

다만 근로소득 외에 다른 소득이 있는 경우엔 이야기가 달라집니다. 임대소득이나 사업소득 등 다른 소득이 있다면, 연말정산으로 정리한 근로소득 자료를 바탕으로 5월에 다시 종합소득세를 신고해야 합니다. 이 부분은 따로 다루고, 이번 장에서는 근로소득만 있는 직장인에게 해당하는 연말정산의 기본 개념을 중심으로 이야기해 보겠습니다.

연말정산은 단순히 환급을 받는 절차가 아닙니다. 내가 어떤 세금을 내는지, 왜 그렇게 계산되는지, 어디서 절세할 수 있는지를 알 수 있는 중요한 과정입니다. 이번 장에서는 연말정산의 핵심 구조와 주요 개념을 차근차근 살펴보고, 실질적으로 세금을 아낄 수 있는 절세 방법까지 안내해 드릴게요.

난 생 처 음 세 금 여 행

근로자의 연말정산이란?

　　근로자의 연말정산은 회사가 매달 월급에서 미리 원천징수한 세금 1년 치를 모아서, 실제로 내야 할 세금과 비교해 정산하는 과정입니다. 국세청이 개인에게 직접 세금을 걷기 어려우니 회사가 대신 원천징수를 하고 정산까지 책임지는 방식인 것입니다.

　　근로자로서는 연말정산 과정을 통해 본인의 소득과 공제 항목을 정리하고, 놓친 세금 혜택이 없는지 확인할 수 있습니다. 그래서 '그냥 회사에서 해 주는 거니까 알아서 되겠지' 하고 넘기기보다는, 어떤 구조로 계산되는지 기본 개념을 아는 것이 절세의 첫걸음입니다.

환급보다 중요한 것은 '내가 최종적으로 낸 세금'

　　연말정산을 할 때 우리가 가장 궁금한 것은 "어떻게 하면 환급을 많이 받을 수 있을까?"입니다. 하지만 환급을 많이 받는 것이 진정한 절세일까요?

　　소득세 절세의 핵심은 결정세액을 줄이는 것입니다. 결정세액이란 1년 동안 벌어들인 소득에 대해 내가 실제 부담하는 세금을 의미합니다. 이 금액이 줄어들어야 진짜 절세가 이루어진 것입니다. 그런데 정작 많은 근로자가 본인이 얼마의 세금을 내고 있는지, 왜 그만큼 내는지 모르는 경우가 많습니다.

절세의 첫걸음: 내가 낸 세금부터 확인하자

연말정산 절세를 위해 복잡한 세법을 처음부터 끝까지 공부할 필요는 없습니다. 가장 먼저 해야 할 일은 지난해 내가 납부한 소득세를 확인하는 것입니다. 즉 연말정산을 제대로 하려면, 작년 연말정산 내역을 출력해서 분석하는 것부터 시작해야 합니다. 이를 통해 내가 놓친 세액공제나 공제받을 수 있었던 항목을 발견할 수 있습니다.

특히 부양가족 공제나 특별세액공제가 누락되는 경우가 많습니다. 이런 작은 차이가 결정세액에 영향을 미치고, 불필요하게 더 많은 세금을 내는 결과로 이어집니다. 시험을 잘 보고 싶다면 가장 먼저 지난 시험에서 어떤 문제를 틀렸는지 확인해야 하죠? 마찬가지입니다. 지난해 연말정산 내역을 분석해 어떤 부분에서 공제를 놓쳤는지 점검하는 게 먼저입니다.

따라서 절세를 위한 첫 번째 실천 과제는 '작년 연말정산 내역서(근로소득 지급명세서) 출력하기'입니다.

난 생 처 음 세 금 여 행

실습: 나의 결정세액과 환급세액 확인하기

결정세액 vs. 기납부세액 vs. 환급세액

연봉 4,500만 원인 직장인의 소득세를 예로 들어 볼까요? 보통 연봉이 4,500만 원이면 소득세율이 15%이므로, 600~700만 원 정도 낼 거로 생각합니다. 하지만 세금은 단순히 연봉에 세율을 곱해서 계산하지 않습니다.→ **74쪽 누진공제 적용하기**

연말정산에서는 기납부세액, 결정세액, 환급세액이라는 개념을 이해해야 합니다.

> 기납부세액 매달 월급에서 원천징수된 세금(미리 낸 세금)
>
> 결정세액 최종적으로 내야 할 소득세 금액
>
> 환급세액 기납부세액이 결정세액보다 많으면 돌려받는 금액

어느 직장인의 연말정산 결과를 볼까요?

		구 분		⑦⑨소득세
Ⅲ 세액명세		⑦⑧결정세액		170만 원
	기납부세액	⑦⑭종(전)근무지 (결정세액란의 세액을 적습니다)	사업자 등록 번호	
		⑦⑮주(현)근무지		200만 원 기납부세액
	⑦⑯납부특례세액			-30만 원 환급세액
	⑦⑰차감징수세액(⑦⑧-⑦⑭-⑦⑮-⑦⑯)			

이 경우 최종적으로 부담한 세금은 170만 원입니다. 30만

원을 돌려받았다고 해서 세금을 덜 낸 게 아니라, 애초에 많이 냈던 금액을 돌려받은 것일 뿐입니다.

환급액이 많다고 좋은 게 아니다

환급액을 늘리는 방법은 두 가지입니다.

> 기납부세액을 늘린다 → 월급에서 미리 떼는 세금을 많게 설정하는 방법(국세청이 주로 활용)
>
> 결정세액을 줄인다 → 실제 내야 할 세금 자체를 줄이는 방법(진정한 절세 방법)

환급을 많이 받기 위해 기납부세액을 늘리는 것은 결국 내 돈을 국세청에 무이자로 맡겨 두는 것과 같습니다. 반대로 결정세액을 줄이는 방법은 합법적인 공제 항목을 최대한 활용해 내가 실제 부담할 세금을 줄이는 것입니다.

결정세액을 줄이는 것이 핵심

진정한 절세를 위해서는 결정세액이 어떻게 계산되는지 알아야 합니다. 결정세액을 줄이려면 공제 항목을 적극적으로 활용해야 하고요. → 81쪽 여러 가지 공제 항목

• 각종 인적 공제 (부양가족 공제, 장애인 공제 등)

난생처음 세금 여행

- 주택자금, 의료비·교육비·보험료·기부금 공제

- 신용카드 등 사용액 공제

- 주택마련저축, 연금저축, 퇴직연금(IRP) 공제

- 소득세 감면 혜택(청년, 신혼부부, 중소기업 취업자 등)

　우리는 환급이 아닌 결정세액을 봐야 합니다. 중요한 것은 결정세액을 줄여서 세금을 덜 내는 것입니다. 내가 얼마나 세금을 부담했는지 결정세액을 확인하는 습관을 들여야 합니다.

 연말정산, 환급액이 아닌 결정세액을 보세요!

종합소득세의 계산

누진세 구조와 누진공제 이해하기

진짜 내가 내야 할 세금을 구하려면 세율을 어떻게 적용하는지부터 이해해야 합니다. 소득세는 누진세율 구조를 따릅니다. 즉 소득이 커질수록 높은 세율이 적용됩니다. 과세표준(총소득에서 공제 항목을 제외한 금액으로, 실제 세율이 적용되는 기준 금액)이 일정 구간을 넘어설 때마다 더 높은 세율이 추가로 적용되는 방식이에요. 이 구조를 이해하면 자신의 소득이 어느 구간에 속하는지 파악하고, 적절한 절세 방법을 계획할 수 있습니다.

연봉이 1억인 사람은 세금을 얼마나 내는지 옆의 종합소득세 세율표를 보고 계산해 볼까요?

$$1억 \times 35\% = 3,500만 원$$

많은 사람이 3,500만 원이 세금이라고 계산했을 겁니다. 이렇게 생각하는 이유는 우리가 표를 볼 때 좌측의 숫자가 연봉과 금액대가 비슷해 보여서, 이 금액을 임의로 연봉이라고 해석하기 때문입니다. 하지만 과세표준은 연봉과는 다른 세법적 개념으로, 과세표준 구간별 적용 세율이 다릅니다. 따라서 소득세를 계산하려면 과세표준에 세율을 곱한 후 누진공제액

난생처음 세금 여행

종합소득세 세율표

과세표준	세율	누진공제
1,400만 원 이하	6%	-
1,400만 원~5천만 원	15%	1,260,000원
5,000만 원~8,800만 원	24%	5,760,000원
8,800만 원~1억 5천만 원	35%	15,440,000원
1억 5천만 원~3억 원	38%	19,940,000원
3억 원~5억 원	40%	25,940,000원
5억 원 초과~10억 원	42%	35,940,000원
10억 원 초과	45%	65,940,000원

을 차감해 주어야 합니다. 연봉이 1억인 사람의 과세표준이 계산해 보니 7천만 원이었다면, 세금은 이렇게 계산합니다.

연봉 1억, 과세표준 7천만 원일 때 산출세액(소득세 계산액)

= 과세표준 × 세율 − 누진공제

= 7천만 원 × 24% − 576만 원 = 11,040,000원

연봉 1억인데 과세표준이 8,800만 원이 넘을 수는 없을까요? 불가능합니다. 그 이유는 누구나 기본적으로 빼 주는 근로소득공제와 본인공제 등이 있기 때문입니다.

그런데 여기서 누진공제는 무엇일까요?

누진공제 적용하기

소득세는 누진세 구조로, 높은 소득 구간에 더 높은 세율이 적용됩니다. 그런데 단순히 과세표준 전체에 세율을 곱하면 낮은 구간에 대한 세율 차이를 고려하지 못하게 됩니다. 누진공제는 누진세율 구조에 따라 구간별 세율이 달라질 때, 이 차이를 조정해 공정한 세금을 계산하는 역할을 합니다. 그래서 과세표준에 세율을 곱한 후 누진공제를 빼야 최종 세금을 계산할 수 있습니다.

과세표준이 7천만 원일 때 세금을 계산하는 두 가지 방법을 살펴보겠습니다. 첫 번째는 구간별로 세금을 계산해서 합산하는 것이고, 두 번째는 세율표의 누진공제액을 활용하는 방법입니다.

방법1 구간별 세금 계산하기

1. 1,400만 원까지는 6% 적용 → 1,400만 원 × 6% = 84만 원

2. 1,400만 원 초과~5,000만 원까지 15% 적용

   → (5,000만 원 − 1,400만 원) × 15% = 540만 원

3. 5,000만 원 초과~7,000만 원까지 24% 적용

   → (7,000만 원 − 5,000만 원) × 24% = 480만 원

4. 합산 → 84만 원 + 540만 원 + 480만 원 = 1,104만 원

방법2 **세율표에서 누진공제액을 활용해서 계산하기**

7천만 원 × 24% − 576만 원 = 1,104만 원

두 값이 완전히 같은 것을 확인할 수 있습니다!

그런데 누진공제액 576만 원은 어떻게 나왔을까요? 누진
공제액은 각 과세표준 구간에 대해 이미 낮은 세율이 적용된
구간의 차이를 보정하는 값입니다. 이해를 돕기 위해 누진공
제를 활용해서 7천만 원의 소득세를 다시 계산해 보겠습니다.

1 가장 높은 세율(24%)을 전체 과세표준에 적용

7천만 원 × 24% = 1,680만 원

그런데 원래 소득세는 구간별로 다른 세율이 적용되어야
합니다. 1,400만 원까지는 6%, 1,400만 원부터 5천만 원까지
는 15%를 적용하면 되는데, 전체 24%를 적용한 셈이 됐습니
다. 따라서 과하게 적용된 세율을 빼야 합니다.

2 과하게 적용된 세율 조정: 누진공제 계산 과정

1,400만 원 구간 → 6% 적용돼야 함

- 24% 적용됐으니 18% 초과 적용
- 1,400만 원 × 18% = 252만 원을 빼야 함

1,400만~5천만 원 구간 → 15% 적용돼야 함

- 24%가 적용됐으니 9% 초과 적용
- 3,600만 원 × 9% = 324만 원을 빼야 함

두 값을 더하면 (252만 원＋324만 원)＝576만 원이 됩니다.

이 값을 누진공제액으로 미리 계산해 두고 세율표에 적용하면, 구간별 세율을 하나하나 적용하지 않아도 세금을 빠르게 계산할 수 있습니다.

한계세율과 실효세율

한계세율은 소득이 한 단위 증가할 때 적용되는 추가 세율입니다. 만약 과세표준이 4,600만 원에서 4,700만 원이 되면, 늘어난 100만 원에 적용되는 세율이 한계세율입니다. 한계세율은 절세 전략을 세울 때 중요한 기준이 됩니다.

실효세율은 총소득에 대해 실제로 납부한 세금의 비율로, 총세금을 소득으로 나누어 계산합니다. 실효세율은 전체 소득 대비 세금 부담의 정도를 파악하는 데 유용합니다.

소득세 계산 구조를 이해하는 것은 절세 전략을 세우는 데 필수이며, 특히 한계세율의 개념을 파악하는 게 매우 유용한 이유는 다음과 같습니다.

- 특정 소득공제가 나에게 얼마나 큰 세금 절감 효과를 가져다줄지 계산할 수 있습니다.
- 연봉 인상이 내 세후 소득에 실제로 얼마의 영향을 미치는지 파악할 수 있습니다.

한계세율이 24%라면, 100만 원의 추가 소득이 발생했을 때 24만 원을 세금으로 내야 하므로, 세후 76만 원이 남습니다. 이러한 정보를 알고 있으면, 공제를 극대화하거나 추가 소득에 대한 전략을 수립할 수 있습니다.

실습 나의 실효세율과 한계세율 확인하기

나의 작년 과세표준이 얼마인지, 실효세율과 한계세율은 어느 정도인지 확인해 볼까요? 인터넷 세무서인 홈택스에서 나의 세금 내역을 손쉽게 확인할 수 있습니다.

홈택스 로그인 ➡ 나의 소득 연말정산 ➡ 지급명세서 원천징수영수증 내역

회사에서 지출한 근로소득 지급명세서를 마이홈택스의 '지급명세서 등 제출내역'에서 찾아 출력합니다. 근로소득 지급명세서는 소득공제 내역, 결정세액, 기납부세액 등 나의 연말정산 세부 내역을 볼 수 있는 서류입니다.

	⑥⑨ 외국납부		
	⑦⑩ 월세액	공제대상금액	
		세액공제액	
	⑦⑪ 세 액 공 제 계		
	⑦⑫ 결 정 세 액(⑤⑩-⑤⑤-⑦⑪)		
	⑧⑫ 실효세율(%) (⑦⑫/⑦⑫⑪)×100		

			(8쪽 중 제2쪽)
	④⑨ 종합소득 과세표준		
	⑤⑩ 산출세액		
		⑤⑪ 「소득세법」	
세	⑤⑫ 「조세특례제한법」 (⑤⑬ 제외)		
액	⑤⑬ 「조세특례제한법」 제30조		

근로소득 지급명세서 2쪽에서 실효세율(동그라미 82번)과 과세표준(동그라미 49번)을 확인할 수 있습니다. 과세표준을 찾았다면 종합소득세 세율표→73쪽에서 과세표준에 해당하는 세율을 찾아보세요. 예를 들어 과세표준이 3천만 원이라면, 나의 한계세율은 15%입니다!

✅ 소득세 계산 핵심

- 연봉에 세율을 곱하는 것이 아니라 각종 공제를 차감한 후의 과세표준에 세율을 적용해서 세금을 계산
- 소득세는 전 구간에 같은 세율을 적용하는 것이 아니라 구간별로 다른 세율을 적용
- 누진공제로 이미 계산된 하위 구간 세금을 빼서 중복 계산을 방지
- 소득세율표에서 제공하는 공식(과세표준 × 해당 세율 − 누진공제)을 이용하면 쉽게 계산 가능

난 생 처 음 세 금 여 행

소득공제와 세액공제의 차이

소득공제와 세액공제는 모두 세금을 줄여 주는 역할을 하지만, 그 방식은 완전히 다릅니다.

소득공제는 말 그대로 소득에서 일정 금액을 빼 주는 것입니다. 이 공제를 받으면 과세표준이 낮아지고, 그 결과 세금도 줄어들게 됩니다. 소득공제를 100만 원 받았다면, 실제로는 연봉을 100만 원 덜 받은 것처럼 계산해 주는 효과가 있습니다. 그래서 이 공제는 세금을 매기기 전 단계에서 작용합니다.

반면 세액공제는 세금을 계산한 후, 그 결과에서 직접 일정 금액을 빼 주는 것입니다. 예를 들어 세금을 200만 원 내야 하는 상황에서 세액공제를 100만 원 받으면, 최종적으로는 100만 원만 내면 되는 거죠. "세금을 계산했더니 200만 원이 나왔는데, 그중에서 100만 원을 깎아 줄게요."인 겁니다. 즉 한계세율이 높은 사람일수록 소득공제의 효과가 크고, 세액공제는 누구에게나 동일한 절세 효과를 줍니다.

중요한 것은 신용카드 등 사용액이 소득공제로 인정된다고 해서, 쓴 금액 전체를 공제해 주는 것은 아니라는 점입니다. 일정 기준을 넘는 금액 중 일부만 공제됩니다. 의료비 세액공제 역시 병원비 전부를 세금에서 빼 주는 것이 아니라, 일정 기준을 초과한 금액의 일정 비율만큼만 세금에서 깎아 주는 구조입니다. 연금저축이나 IRP 납입금도 공식에 따라 계산된 한도 내에서만 공제됩니다.

그래서 어떤 공제가 소득공제인지, 세액공제인지 구분하는 것도 중요하지만, 지출한 돈 대비 실제로 얼마나 세금을 줄일 수 있는지를 아는 것이 중요합니다. 이 관점을 기억하면 연말정산 전략도 훨씬 똑똑하게 세울 수 있습니다.

소득공제와 세액공제

소득공제

- 과세표준을 줄여 세금을 줄이는 방식
- 소득이 높을수록 적용되는 세율이 높아지므로 절세 효과 ↑
- 절세 효과는 본인의 한계세율에 따라 다릅니다. 100만 원 소득공제를 받을 때 한계세율이 24%인 사람은 24만 원이 절세되지만, 한계세율이 15%인 사람은 15만 원만 줄어듭니다.

세액공제

- 계산된 세금에서 직접 차감하는 방식
- 50만 원 세액공제를 받으면 누구나 세금이 50만 원 줄어듭니다.
- 소득공제보다 절세 효과가 직관적이고 균등

이 책에서 다루지 않은 공제 항목이 많고, 세법은 해마다 조금씩 바뀌기 때문에 본인에게 해당하는 공제가 무엇인지, 어떻게 적용되는지를 직접 확인해 보는 과정이 꼭 필요해요!

여러 가지 공제 항목

이제부터는 실제로 나의 종합소득세를 계산하기 위해 연말정산에서 적용되는 여러 가지 종합소득공제와 세액공제 중 특별히 주의해서 살펴봐야 할 항목들을 살펴볼게요.

부양가족 공제

부모, 조부모 공제

부모님과 조부모님은 일정 요건을 충족하면 인적 공제(기본공제) 대상입니다. 소득에서 1인당 연 150만 원을 공제받을 수 있다는 뜻입니다.

부모님이 만 60세 미만이어도 의료비나 기부금, 신용카드 사용액 등은 세액공제를 적용받을 수 있습니다. 또 부모님이 올해 사망하셨다면, 올해의 소득을 신고할 때까지는 공제가 가능합니다. 2024년에 돌아가셨다면 2025년 소득세 신고(2024년 소득분)까지 공제 가능한 거죠.

건강보험에서 부모님이 피부양자로 등록되어 있다고 해서 자동으로 소득공제 대상이 되는 것은 아닙니다. 피부양자는 건강보험료 납부와 관련된 기준이며, 소득공제 대상 여부는

대상	• 직계 존속, 법률혼 관계의 계부·계모, 호적에 등재되지 않은 친모, 소득이 없는 이혼한 부모
소득	• 연간 소득금액 100만 원 이하 • 근로소득만 있을 때 총급여 500만 원 이하이면 공제 가능
연령	• 만 60세 이상(장애인이면 연령 제한 없음)
기타	• 형제자매 중 한 명만 부모님 공제 가능 • 부양 사실이 있어야 함(세법상 얼마를 부담해야 하는지는 정 해져 있지 않으며, 생활비를 현금으로 지원하는 것도 인정)

소득, 연령, 부양 여부를 따져야 합니다.

자녀 공제

소득 기준 이하의 만 20세 이하 자녀 1명당 연말정산에서 받을 수 있는 기본공제는 150만 원입니다. 만 8세 이상 자녀라면 추가로 15만 원의 자녀 세액공제도 가능합니다. 또 당해년도 출산이나 입양한 자녀가 있다면 추가 공제를 받을 수 있습니다. → 93쪽 자녀 공제

　　　　　　　　　　　　　　　난 생 처 음 세 금 여 행

부양가족의 소득 기준과 관련한 여러 가지

부양가족 공제를 받으려면 부양가족에게 소득이 없어야 한다는 기준이 있습니다. 여기서 말하는 '소득이 없다'라는 의미는 실제로 0원이어야 한다는 뜻이 아니라, 세법상 정해진 일정 금액 이하라는 것입니다. 하지만 대부분 '부양가족에게 소득이 조금이라도 있으니 공제를 받을 수 없겠지'라고 오해해서, 실제로는 공제받을 수 있는 배우자나 부모님, 자녀에 대한 공제를 스스로 포기하는 경우가 적지 않습니다. 국세청에서 사전에 확인 가능한 소득이라면 공제 기준을 초과했다는 안내를 받을 수 있지만, 시기가 확인되지 않은 소득에 대해서는 본인이 직접 판단해야 하는 경우도 많습니다. 따라서 부양가족 공제를 받으려면 해당 가족의 소득이 어떤 종류인지, 소득금액이 기준 이하인지 꼼꼼히 확인해야 합니다.

소득금액 100만 원 기준 이해하기

연말정산에서 배우자나 부모, 자녀, 형제 등 부양가족에 대한 기본공제를 받으려면 배우자나 부양가족의 소득금액이 100만 원(근로소득만 있는 경우 총급여 500만 원)을 초과하지 않아야 합니다. 하지만 이 기준을 제대로 이해하고 있는 사람은 거의 없습니다. 일반적으로 우리는 통장에 입금된 돈만큼 소득이 생겼다고 이야기합니다. 하지만 연말정산에서 말하는 소득금액은 세법상 용어이기 때문에 실수령액이나 연봉과는 아주 다른 의미입니다.

여기서 말하는 소득금액이란 과세되는 총소득에서 경비에 해당하는 공제를 차감한 후의 금액입니다. 구체적으로 소득 종류마다 차감되는 항목이 다릅니다. 사업의 종류별 소득금액은 아래와 같이 계산됩니다.

✓ **사업을 하는 사람** 임대료나 인건비 등 경비를 차감한 금액
✓ **근로소득자** 근로소득공제를 차감한 금액. 근로소득만 있는 경우에는 총과세 수입만 확인!
✓ **이자나 배당소득이 있다면** 금융소득 종합과세자는 소득금액으로 합산(이자 및 배당 소득이 2천 1만 원이라면 소득금액이 2천 1만 원으로 계산되고, 2천만 원 미만이면 소득금액을 0원으로 봅니다)
✓ **연금소득자** 연금소득공제가 빠진 금액
✓ **부업으로 돈을 벌었다면** 성격에 따라 다른 비율의 공제액이 빠진 금액

근로소득만 있는 경우: 총급여 500만 원 이하라면 공제 가능

배우자나 부양가족이 근로자라면 소득금액 100만 원이 기준이 아니라 총급여 500만이 기준이 됩니다. 총급여액은 실수령액과는 다릅니다.

총급여액 + 비과세급여 − 4대 보험이나 소득세 원천징수액 = 실수령액

총급여는 어떻게 확인할 수 있을까요? 배우자나 부양가족의 홈택스에 로그인해 보면 됩니다.

㉑ 총급여(⑯. 외국인단일세율 적용시 연간 근로소득)	
㉒ 근로소득공제	
㉓ 근로소득금액	
기본공	㉔ 본 인	
	㉕ 배 우 자	

일용직 급여만 있는 경우: 금액에 상관없이 부양가족 공제 가능

일용직 근로소득은 원천징수로 분리과세되므로 종합소득에 합산되지 않습니다. 배우자나 부양가족의 홈택스에서 일용근로소득 지급명세서에만 금액이 있고, 다른 부분이 모두 0원이라면 공제받을 수 있습니다.

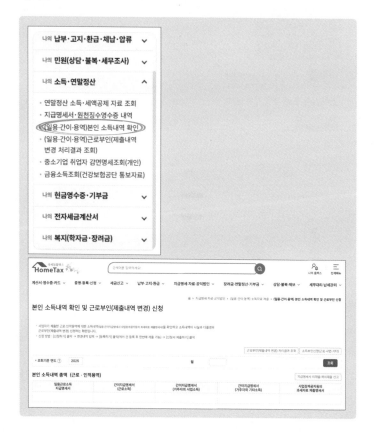

국세청에서 소득 기준 초과 부양가족을 알려 주는 경우

소득 기준을 명확히 넘었을 때는 국세청이 소득 기준이 넘은 배우자나 부양가족이 있다고 알려 줍니다. 연말정산 간소화 자료에서 확인할 수 있습니다.

사업소득이 있는 경우에 부양가족 여부를 미리 알기 어려운 이유

국세청은 사업소득자의 수입은 알지만, 비용은 알 수가 없습니다. 5월에 비용을 정산해 신고하기 때문에 그전에는 소득금액이 얼마인지 아무도 모릅니다. 하지만 100만 원이 넘을지 안 넘을지는 대략 알 수 있습니다.

예를 들어서 배우자의 홈택스에서 '(일용.간이.용역)본인 소득내역 확인'을 보았더니, 거주자의 사업소득란에 90만 원이 적혀 있다면 어떨까요? 비용 차감하기 전 금액이 100만 원 미만이므로 공제를 받으면 됩니다.

그런데 290만 원이라면 어떻게 할까요? 배우자가 그 돈을 벌기 위해

경비로 사용한 금액이 190만 원이 넘는다면, 공제를 받으시면 됩니다. 이 경우 5월 배우자가 소득세 신고할 때 190만 원을 경비로 입력해야 합니다. → 237쪽 종합소득세 신고의 기본 개념

기타소득은 종류와 금액에 따라서 공제 여부 결정

강연료, 연구용역료, 원고료, 인세 등으로 얻은 소득은 기타소득이라고 합니다. 필요경비를 차감한 기타소득금액이 일정 금액 이하(연 300만 원)일 경우 따로 합산할 필요가 없지만, 이 금액을 초과하면 종합소득에 합산해서 신고해야 합니다. 부양가족 소득금액 100만 원 기준은 종합소득에 합산된 금액이 기준이므로, 실질적으로 기타소득금액이 300만 원 미만이라면 부양가족 공제가 가능합니다.

강의료로 100만 원을 받기로 했는데, 통장에는 원천징수 세금(88,000원)이 차감되고 912,000원이 입금됩니다. 이 경우 소득금액은 얼마일까요? 강의료는 경비로 60%를 인정해 주기 때문에 원래 받기로 한 100만 원에서 경비 60만 원을 제한 40만 원이 소득금액이 됩니다.

 받을 돈에서 원천징수세금 8.8%를 떼고 받았다면 기타소득, 3.3%를 떼고 받았다면 사업소득으로 신고된 것입니다. 원천징수와 필요경비는 앞으로 자세히 알아볼게요!

부동산, 해외 주식, 퇴직금으로 소득이 생겼다면 공제 제한

부동산을 팔아 양도소득세를 납부했다면 부양가족 공제 기준인 100만 원을 초과할 가능성이 큽니다. 일반적으로 양도소득세를 납부했다면 양도소득금액은 그 이상일 가능성이 크기 때문에 부양가족 공제 대상

이 될 수 없습니다.

해외 주식으로 100만 원 이상 이익을 봤다면 공제 대상이 될 수 없습니다. 해외 주식 양도소득세는 매매 차익이 250만 원까지 비과세지만, 부양가족 공제는 매매 차익이 100만 원만 넘어도 받을 수 없어요. 매매 차익이 소득금액과 동일하기 때문입니다.

퇴직금을 받을 때도 주의해야 합니다. 2024년 1월에 퇴직해서 급여를 받은 것은 500만 원이 안 되지만 퇴직소득세가 과세되는 퇴직금을 100만 원 이상 받았다면, 배우자 공제나 부양가족 공제 대상이 될 수 없습니다.

연말정산 때 부당 공제를 받은 경우

소득 기준을 잘못 적용해 요건에 맞지 않게 공제를 받았다면, 같은 해 5월까지는 아무 불이익 없이 홈택스에서 수정할 수 있습니다. 5월 종합소득세 신고 기한 이후에 알게 됐더라도 너무 걱정하지는 마세요. 덜 납부한 세금이 많다면, 수수료를 내고 수정신고를 할 수 있습니다. 금액이 많지 않다면, 국세청의 추징세액이 부과될 때 추가로 납부하면 됩니다. 이러한 판단을 위해서는 부당공제로 덜 낸 세금이 얼마인지 계산할 수 있어야 합니다.

의료비 세액공제, 제대로 알고 챙기자

의료비 세액공제는 조건만 맞으면 세금을 줄일 수 있는, 근로자의 중요한 절세 항목입니다. 특히 소득 기준이 적용되지 않는 공제입니다. 배우자나 부모님의 소득이 기준 금액 이상이라 부양가족 공제를 받을 수 없는 경우라도, 의료비 세액공제는 받을 수 있습니다. 반면에 소득이 없는 부양가족이라면 기본공제 대상자로 등록한 사람만이 해당 의료비를 세액공제 받을 수 있습니다.

가족이 아파서 병원비가 많이 나왔을 때, 누구 카드로 결제해야 연말정산 때 유리할까요? 이제부터 차근차근 의료비 세액공제를 받을 방법과 주의 사항을 같이 살펴보겠습니다.

의료비 세액공제란?

급여의 3%를 초과하는 의료비에 대하여 일정 비율(15~30%)을 산출세액에서 공제해 주는 제도입니다. 본인, 65세 이상 부양가족, 장애인, 건강보험산정특례자, 난임시술비·미숙아·선천성 이상아, 6세 이하자 의료비는 한도 없이 세액공제 대상이며, 그 외 일반 의료비는 700만 원을 한도로 합니다. 이 한도는 세액공제액의 한도가 아니라 의료비 세액공제를 받을 수 있는 공제 대상 의료비의 한도를 의미합니다.

5세 자녀의 일반 의료비가 800만 원이 나왔다면, 급여가 5천만 원인 근로자의 의료비 세액공제로 인한 절세액은 (800 —

5,000 × 3%) × 15% = 97.5만 원입니다. 반면 10세 자녀의 일반 의료비가 800만 원이라면, 700만 원의 한도를 초과하므로 700만 원에 대하여 계산한 82만 5천 원((700−5,000 × 3%) × 15%)만 세액공제가 가능합니다.

의료비 세액공제는 근로자만 받을 수 있으며, 일반적인 사업자는 의료비 세액공제 대상이 아닙니다(일부 성실신고확인대상사업자는 예외). 또 급여의 3%를 초과하는 의료비만 공제되며(연봉이 5천만 원이라면, 의료비 총액이 150만 원을 초과하는 부분만 공제 대상), 소득이 있는 배우자나 부모님의 의료비도 공제 가능합니다.

부양가족 공제에는 소득 기준이 적용되지만, 의료비 세액공제에는 소득 기준이 없습니다. 배우자나 부모님이 소득이 있어도 근로자가 실제로 의료비를 지출했다면 공제받을 수 있습니다.

누구 카드로 결제해야 할까?

의료비는 개인적인 비용이므로 근로자 본인의 (신용 혹은 체크)카드로 결제해야 의료비 세액공제가 가능하고, 신용카드 등 소득공제도 받을 수 있습니다. 만약 사업자가 사업 경비로 의료비를 결제하면 공제를 받을 수 없습니다.

맞벌이 근로자 부부라면 급여가 적은 배우자 카드로 결제하는 것이 유리합니다. 의료비 세액공제는 급여의 3%를 초과하는 금액만 공제되므로, 급여가 낮은 배우자가 결제하면 공제받을 가능성이 커지기 때문입니다. 다만 맞벌이 부부의 결정세액을 결정하는 요인이 다양하므로, 무조건 연봉이 낮은 사람의 카드를 써야 한다고 단정할 수 없습니다. → 93쪽 맞벌이 부부의 절세 전략

배우자와 부모님의 의료비 공제

소득이 있는 배우자의 의료비도 공제받을 수 있습니다. 다만 역시 급여의 3%를 초과해야 합니다.

부모님의 의료비도 공제 가능합니다. 부모님이 소득이 있어서 부양가족 공제를 못 받더라도, 근로자가 실제로 의료비를 지출했다면 공제받을 수 있습니다. 단 부모님이 다른 형제자매의 부양가족으로 등록되어 있다면 공제를 받을 수 없습니다.

✅ 의료비 세액공제 알아두기

- 급여의 3%를 초과해야 받을 수 있고, 근로자가 쓴 의료비만 해당
- 소득이 있는 배우자나 부모님의 의료비도 공제 가능
- 부양가족 공제와 의료비 공제는 적용 기준이 다르다!
- 실손보험금을 받은 금액은 공제 대상에서 제외
- 대부분의 의료비는 연말정산 간소화 서비스에 자동 반영
- 시력 보정용 안경에 지출한 금액도 의료비 합산
- 의료비 세액공제와 신용카드 등 소득공제는 중복 적용

신혼부부를 위한 결혼 세액공제

결혼 세액공제는 2025년 1월 1일부터 새로 신설된 세액공제 항목입니다. 결혼하면 나라에서 50만 원을 축의금처럼 주는 건데요, 현금으로 주는 게 아니라 내야 할 세금에서 50만 원을 빼 주는 방식입니다. 세액공제이기 때문에 혜택이 큽니다.

혼인신고를 한 해에만 받을 수 있고, 근로자뿐만 아니라 사업소득자도 받을 수 있습니다. 2025년 1월 1일 이후 신고분부터 적용되므로 2024년에 혼인신고를 마쳤다면, 2025년 연말정산 때 세액공제를 받을 수 있습니다. 2026년에 결혼하면 2027년 연말정산 때 혜택을 받을 수 있고요. 생애 딱 한 번만 받을 수 있어서 이미 받은 사람은 재혼하더라도 받을 수 없답니다.

맞벌이 부부의 절세 전략

연말정산에서 맞벌이 부부가 가장 신경 써야 할 부분 중 하나가 자녀 공제 및 부양가족 공제입니다. 기본적으로 소득이 많은 사람이 공제를 받는 게 유리하다고 생각하기 쉽지만, 실제로는 여러 변수를 고려해야 합니다. 한계세율, 세액공제 한도, 부양가족의 의료비 및 신용카드 사용액 등을 종합적으로 판단해야 하므로 단순히 연봉이 높은 사람이 공제를 받는다 공식이 항상 정답은 아닙니다.

자녀 공제

자녀 공제는 부부 중 한 사람만 받을 수 있기 때문에 누가 공제를 받는 것이 더 유리한지를 따져 보는 것이 중요합니다. 흔히 연말정산은 근로소득자만 해당된다고 생각하기 쉬운데, 자녀 공제는 근로소득자뿐 아니라 사업소득자도 받을 수 있습니다. 따라서 한쪽이 사업을 하고 다른 한쪽이 직장에 다니는 경우라도, 누구에게 공제를 적용하는 것이 절세에 더 도움이 될지를 계산할 필요가 있습니다.

자녀가 한 명이 아니라 여러 명이라면, 자녀별로 나누어 공제받는 것도 가능합니다. 첫째 자녀는 아빠가, 둘째 자녀는 엄

마가 공제받는 식으로 다양하게 조합할 수 있습니다. 이럴 때 각자의 세율이나 공제 여건 등을 고려해 적절히 분산하는 것이 더 유리할 수 있습니다.

즉 자녀 공제는 단순히 누가 신청할지를 정하는 문제가 아니라, 가정의 전체적인 절세 전략과 연결된 중요한 결정이므로 신중해야 합니다.

 자녀 세액공제(출처 국세상담센터 홈페이지)

자녀를 통한 소득세 절세금액 = ① + ②

① (다자녀 공제) 기본공제 적용 자녀 중 8세 이상인 자녀

· 1명: 연 15만 원

· 2명: 연 35만 원

· 3명 이상: 35만 원 + 2명을 초과하는 1명당 30만 원

② (출산 · 입양 공제) 해당 과세 기간에 출산 및 입양한 경우

· 공제 대상 자녀가 첫째: 연 30만 원

· 공제 대상 자녀가 둘째: 연 50만 원

· 공제 대상 자녀가 셋째 이상: 연 70만 원

 맞벌이 부부 자녀 세액공제 사례

맞벌이 부부와 13세, 6세, 3세(23년 입양 자녀)인 세 자녀로 구성된 가족의 23년도 자녀 세액공제액은?(남편이 첫째와 둘째 공제, 부인이 입양 자녀 공제를 받는 경우)

난 생 처 음 세 금 여 행

(남편) 자녀 세액공제액 = ① + ② = 15만 원

① (다자녀 공제) 기본공제 적용되는 자녀 중 8세 이상 1명이므로

　15만 원

② (출산 · 입양공제) 0원

(부인) 자녀 세액공제액 = ① + ② = 70만 원

① (다자녀 공제) 기본공제 적용되는 자녀 중 8세 이상 0명이므로

　0원

② (출산 · 입양공제) 공제 대상 자녀가 셋째이므로 70만 원

　자녀 공제를 받을 사람을 결정할 때 고려해야 할 핵심 요소는 총 네 가지입니다.

　첫째, 연말정산에서 절세 효과를 극대화하려면 한계세율이 높은 사람이 공제를 받는 것이 유리합니다. 소득세는 누진세 구조이므로 소득이 높을수록 높은 세율이 적용됩니다. 배우자 A의 과세표준이 6천만 원(세율 24%), 배우자 B의 과세표준이 2천만 원(세율 15%)이라면, 자녀 공제(150만 원)로 줄어드는 세금은 다음과 같습니다.

　A가 공제받으면 150만 원 × 24% = 36만 원 절세

　B가 공제받으면 150만 원 × 15% = 22.5만 원 절세

따라서 A가 공제를 받는 것이 더 유리합니다.

둘째, 세액공제 한도를 초과하지 않는지 확인해야 합니다. 연말정산에서 세액공제는 산출세액을 초과하면 공제받지 못하는 금액이 발생할 수 있습니다. 즉 한쪽 배우자가 공제를 몰아서 받았는데, 이미 세액공제 한도를 초과했다면 절세 효과가 줄어듭니다. 또 근로소득 세액공제, 신용카드 공제, 의료비 공제 등 다른 공제 항목과 함께 고려해야 합니다. 따라서 세액공제 한도를 초과할 가능성이 있다면 자녀 공제를 나누는 전략도 고려해야 합니다.

셋째, 신용카드 사용액과 의료비, 교육비 등의 지출을 따져 공제받을 사람을 결정해야 합니다.

연말정산에서 신용카드 등 소득공제 및 의료비 공제는 부양가족 공제를 받는 사람의 공제 항목으로 인정됩니다. 배우자 A가 자녀 공제를 받으면 자녀의 교육비와 의료비, 신용카드 등 소득공제는 A가 공제받아야 합니다. 하지만 배우자 B가 신용카드 사용액이 많고, 의료비도 많이 지출했다면 B가 자녀 공제를 받는 것이 더 유리할 수도 있습니다

넷째, 부부 합산 결정세액을 최소화하는 것이 핵심 목표이므로, 위의 요소들을 고려하여 결정세액 최적의 조합을 찾는 것이 중요합니다.

난생처음 세금 여행

누구의 신용카드를 쓸까?

맞벌이 부부가 생활비를 나누어 부담하면 신용카드 사용액이 25% 기준을 넘지 못해 소득공제를 받지 못할 수 있습니다. 그러므로 각각 급여의 25% 기준을 확인하고, 공제 한도를 최적화하는 방식으로 신용카드를 사용해야 합니다. 신용카드 사용 전략을 미리 세워 연말정산에서 절세 효과를 극대화하세요.

신용카드 공제 한도

연봉 7천만 원 이하 최대 300만 원 공제

연봉 7천만 원 초과 최대 250만 원 공제

맞벌이 절세계산기 활용법

이 모든 변수를 계산하는 게 쉽지 않기 때문에, 직접 계산하기보다는 납세자연맹이 무료로 제공하는 맞벌이 절세계산기를 활용하는 것을 추천합니다. 이 계산기를 이용하면 최적의 공제 조합을 찾아 절세 전략을 세울 수 있습니다.

납세자연맹 맞벌이 절세계산기 활용법

1. 본인과 배우자의 연봉 및 소득공제 항목 입력

2. 자녀 공제, 신용카드 사용액, 의료비, 교육비 등을 입력

3. 최적의 공제 분배 조합 자동 계산 및 추천

✅ 맞벌이 신용카드 사용 절세 전략

- 신용카드 등 소득공제를 받을 수 없는 사업소득자는 신용카드보다 필요경비 증빙이 더 중요
- 근로소득자는 연봉의 25% 이상 신용카드를 사용해야 공제 가능
- 고소득 맞벌이의 경우 한쪽의 카드를 집중해서 사용하는 게 유리
- 신용카드는 결제자 기준이 아니라 명의자(사용자)가 공제를 적용받음
- 신용카드, 체크카드, 현금영수증 비율을 조정하여 공제율 최적화
- 신용카드 등 공제를 많이 받는 것보다 지출을 줄이는 것이 더 중요하다는 사실을 잊지 말 것

연말정산에서 놓치기 쉬운 부분

암 걸린 부모님, 치매 할머니의 장애인 공제

장애인 공제는 많은 사람이 놓치기 쉬운 절세 항목 중 하나입니다. 특히 소득세법상 장애인과 일반적으로 생각하는 장애인의 범위가 다르다는 점을 알아두어야 합니다.

보통 장애인이라고 하면 장애인 주차구역을 이용할 수 있는 사람을 떠올리지만, 소득세법에서는 '항시 치료를 요하는 중증환자'도 장애인으로 인정하고 있습니다. 그래서 장애등급을 받지 않았어도 암 수술을 받았거나 치매로 장기 치료가 필요하다면 장애인 공제를 받을 수 있습니다.

장애인 공제 정리

- 추가 소득공제 200만 원(장애인 공제)
- 기본공제까지 포함하면 총 350만 원 공제 가능
- 의료비 공제 한도 없이 급여의 3%를 초과 사용한 금액에서 15% 세금 차감 가능
- 의사 확인서를 받아 제출하면 공제 가능

신용카드 등 소득공제 100% 활용 방법

근로소득자가 신용카드 등 소득공제를 받으려면, 연간 총 급여의 25%를 초과해 신용카드, 체크카드, 현금영수증 등을 사용해야 합니다. 연봉이 5천만 원이라면, 1,250만 원을 초과한 사용분에 대해서만 일정 비율로 소득공제가 적용되는 구조입니다. 최저 사용금액(총급여액의 25%)을 초과해서 사용한다면 신용카드는 15%, 현금영수증, 직불카드, 선불카드는 30%, 총급여 7천만 원 이하자의 도서·공연 등은 30%, 전통시장과 대중교통은 40%의 공제율이 적용됩니다(시기별로 해당 공제율은 변경될 수 있습니다).

20세가 넘은 자녀와 60세 미만 부모님의 신용카드 사용액 공제받기

보통 소득공제는 기본공제 대상자에 한해서 가능하다고 알고 있기 때문에, 20세가 넘은 자녀나 60세 미만 부모님은 애초에 대상이 안 된다고 생각하는 경우가 많습니다. 하지만 기본공제 대상자가 아닌 20세 초과 자녀, 60세 미만 부모님이라도 소득이 없다면 신용카드 사용액을 합산해 소득공제를 받을 수 있습니다. 조건은 하나, 그 가족이 '무소득자'여야 한다는 점입니다. 반면 형제자매라면 아무리 무소득이어도 신용카드 사용액을 공제받을 수 없습니다. 기본공제 대상자인지 여부와 무관하게, 형제자매의 지출은 아예 대상이 되지 않기 때

난생처음 세금 여행

문입니다.

따라서 신용카드 공제를 최대한 받으려면 가족 구성원의 소득 여부와 관계, 공제 대상 가능성을 꼼꼼히 따져 보는 것이 필요합니다. 특히 무소득인 성인 자녀나 부모님의 카드 사용이 많다면 그 금액을 합산해 공제받을 수 있는지 반드시 확인해 보세요.

근로자에게만 주는 세제 혜택

신용카드 등 소득공제는 근로소득자만 받을 수 있는 혜택입니다. 따라서 가사경비(생필품, 식비 등)는 부부 중 근로자의 카드로 결제하는 것이 유리합니다.

근로 기간 내 사용한 금액만 공제 가능

근로 제공 기간 내 지출한 금액만 공제 대상입니다. 따라서 입사 전이나 퇴사 후 사용한 금액은 소득공제를 받을 수 없으며, 무직 기간에는 가족 중 소득이 있는 사람(부모나 배우자)의 카드를 사용하는 것이 유리합니다.

휴직 기간 사용분도 공제 가능

휴직 기간은 근로 기간에 포함되기 때문에 이때 사용한 신용카드 금액도 소득공제를 받을 수 있습니다.

신용카드와 체크카드의 사용 비율

신용카드의 공제율은 15%지만, 체크카드(현금영수증 포함) 공제율은 30%나 됩니다. 따라서 최적의 카드 사용 전략은 연봉의 25%까지는 신용카드 혜택을 고려하여 사용하고, 초과분부터는 체크카드 및 현금영수증 사용 비중을 늘리는 겁니다.

급여의 25% 초과분부터는 신용카드보다 체크카드나 현금영수증이 유리하다고 이야기하는 이유는 25%의 금액까지는 어떤 카드를 쓰더라도 상관없다는 뜻입니다. 신용카드의 포인트나 할인 혜택 때문에 체크카드(직불카드)보다 신용카드를 선호한다는 가정하에 25%까지 신용카드를 사용하라는 것이죠.

지출 관리를 위해서도 지출 수단을 무엇으로 할 것인지에 대한 고민은 필요합니다. 지출 관리 전략과 소득공제 최대화를 위한 전략이 상충한다면, 지출 관리가 우선입니다. 신용카드 소득공제를 받겠다고 1만 원을 더 쓰는 것보다, 차라리 1만 원을 안 쓰는 것이 더 유리합니다.

신용카드 추가 사용이 얼마의 절세 효과를 가져올까?

신용카드는 급여의 25% 초과 사용액의 15%, 현금영수증과 체크카드(직불카드)는 30%가 소득공제 대상입니다. 급여의 25%를 넘게 사용하였다고 가정하면, 1만 원을 추가 지출했을 때 신용카드는 1,500원, 현금영수증은 3,000원이 소득공제 대상이 됩니다. 즉 1만 원을 추가 지출하더라도 신용카드는

난생처음 세금 여행

225원, 현금영수증·직불카드는 450원의 세금만 줄어듭니다 (한계세율 15% 가정 시).

결제 방식	소득공제율	1만 원 사용 시 공제 대상 금액	절세 효과 (한계세율 15%)
신용카드	15%	1,500원	225원
현금영수증/ 직불카드	30%	3,000원	450원

그러므로 급여의 25%까지는 신용카드, 직불카드(체크카드), 현금영수증 모두 공제액에 영향을 주지 않습니다. 이를 초과하는 때에만 현금영수증과 직불카드의 사용이 신용카드 사용보다 세금 면에서 유리합니다.

하지만 더 중요한 것이 있습니다. 1만 원을 쓰고 450원을 아끼는 것보다 1만 원을 아끼는 것이 더 합리적인 선택입니다.

🔍 **신용카드 등 소득공제의 특이 사항**
- 무소득 자녀(20세 초과)와 무소득 부모(60세 미만)의 카드 사용액도 공제 가능
- 형제자매가 기본공제 대상자라도 신용카드 등 사용액은 공제받을 수 없음
- 공제 대상 가족의 신용카드 사용 내역을 잘 확인하고 합산하면 절세에 도움이 됨

연말정산 간소화에 나오지 않아도 공제받을 수 있는 지출들

연말정산 간소화 서비스에서 조회되지 않는 공제 항목이 있다는 점, 알고 있나요? 법적으로 자료 제출이 의무화되지 않은 항목들은 연말정산 간소화 서비스에서 자동으로 조회되지 않을 수 있습니다. 대표적으로 요양원 비용, 의료기기 구입·임차 비용, 교복 구입비, 취학 전 아동 학원비, 일부 기부금 등이 해당합니다. 이 경우, 영수증 발급기관이 자발적으로 자료를 제출한 경우에만 조회할 수 있습니다.

또 병의원처럼 자료 제출이 의무인 기관이라도 인력 부족, 시스템 미비 등의 이유로 제출하지 않는 경우가 있습니다. 따라서 연말정산 간소화 서비스에서 누락된 공제 증명자료는 직접 해당 기관에서 영수증을 발급받아 회사에 제출해야 합니다.

확인해야 할 것

- 연말정산 간소화 서비스에서 누락된 공제 항목이 있는지 점검
- 해당 기관에서 직접 증명서류를 발급받아 회사에 제출

중도 퇴사자의 셀프 연말정산

중도 퇴사자는 연말정산 과정이 다소 복잡할 수 있는데요, 상황별로 대처하는 방법이 다릅니다. 만약 중도 퇴사 후 바로

난생처음 세금 여행

새로운 회사에 입사했다면 연초 연말정산 기간에 전 회사의 원천징수영수증을 제출하면 됩니다. 그러면 현재 회사에서 전 직장에서 받은 급여까지 포함하여 1년 치 연말정산을 한 번에 진행해 줄 수 있습니다. 이렇게 하면 따로 5월에 종합소득세 신고를 할 필요가 없습니다.

그런데 퇴사 후 연말정산 기간(1~2월)에 다니는 직장이 없다면, 연말정산이 자동으로 되지 않습니다. 이때는 5월에 종합소득세 신고를 해야 합니다. 회사가 퇴사 시점에서 급여에 대한 세금을 미리 계산하지만, 연말정산 공제 혜택을 모두 반영하지 못하는 경우가 많아 직접 확인 후 누락된 공제가 있다면 반영하는 것이 중요합니다.

실제로 9월에 퇴사하고 1년을 쉬었다가 올해 9월에 재입사한 강 모 씨는 퇴사 이듬해 5월 연말정산 자료를 확인해 보니, 늘 받았던 배우자 공제와 자녀 공제가 모두 누락된 상태였습니다. 이에 해당 공제를 반영해 70만 원 이상 환급받았습니다.

해야 할 일

• 국세청 홈택스에서 5월에 종합소득세 신고하기
• 원천징수영수증을 확인하고, 놓친 공제 확인 후 반영해서 신고하기

그리고 연말정산은 근무 기간 중 사용한 지출만 공제된다는 사실을 기억해야 합니다. 즉 퇴사 후 사용한 신용카드나 의

료비, 교육비 등은 소득공제 대상에서 제외됩니다. 만약 퇴사 이후 사용한 금액까지 공제받았다가 적발되면 가산세를 내야 할 수도 있으니 주의해야 합니다.

퇴사 후 지출 시 공제되지 않는 항목 **보험료, 의료비, 교육비, 주택 자금, 주택마련저축, 신용카드, 체크카드 사용액**

근무 기관 상관없이 공제되는 항목 **국민연금, 개인연금저축, IRP(개 인퇴직연금), 기부금 등**

🔍 퇴직자의 셀프 연말정산

- 전 회사 원천징수영수증을 받아 현 직장에 제출하면 한 번에 연말정 산 끝!
- 퇴사 후 새로운 직장이 없다면 5월에 종합소득세 신고하면서 놓친 공제 입력하기
- 근무 기간 이후 사용한 신용카드, 의료비, 교육비 등은 소득공제 불가
- 연말정산 간소화 서비스에서 근무한 월만 선택하여 다운로드!

소득세 절세 꿀팁

자주 누락되는 소득공제와 세액공제 항목 챙기기

혹시 연말정산을 마쳤는데도 뭔가 놓친 것 같다는 생각이 든다면 납세자연맹 사이트를 방문해 보세요.

이 사이트에는 '1,500건의 실제 사례, 당신에게 도움 될 사례 하나 없겠습니까?'라는 문구로 시작하는 환급 사례 페이지가 있습니다. 이곳에는 사람들이 가장 많이 놓친 소득공제가 가족 관계별, 놓친 원인별, 공제 항목별로 잘 정리되어 있어요.

- ✅ 부모님 공제를 빼먹진 않았을까?
- ✅ 기부금 공제를 받을 수 있는데, 안 했나?
- ✅ 의료비 공제 대상인데 놓쳤을 수도?

사례들을 읽다 보면, "어? 나도 해당되는데?" 하는 순간이 올 수도 있습니다. 연말정산이 끝났더라도 5년 이내라면 경정청구를 통해 환급을 받을 수 있으니, 확인해 보는 것만으로도 절세의 기회를 잡을 수 있습니다.

연말정산 미리 해 보기, 홈택스 모의계산

연말정산이 어려운 이유 중 하나는 매년 세법이 조금씩 바뀌고, 공제항목도 다양하기 때문입니다. 하지만 다행히도 국세청 홈택스에서는 연말정산 모의계산 기능을 제공하여, 근로소득과 공제 항목을 직접 입력하면서 내 세금이 어떻게 변하는지 시뮬레이션해 볼 수 있습니다.

연금저축이나 IRP에 추가 납입하면 세액공제가 얼마나 늘어나는지, 신용카드 사용액을 줄이고 체크카드나 현금을 늘리면 소득공제 금액이 어떻게 바뀌는지, 부양가족 공제를 추가하면 결정세액이 얼마나 줄어드는지 등을 즉시 확인할 수 있답니다.

연말정산은 회사에서 알아서 해 주는 것이 아니라, 내가 직접 확인하고 검토해야 하는 과정입니다. 홈택스의 연말정산 모의계산을 활용해 보세요. 특히 내 근로소득 지급명세서를 기반으로 숫자를 직접 입력해 보면서 세금의 변화를 체험하는 것이 연말정산을 이해하는 데 큰 도움이 될 겁니다.

모르면 못 받는 다양한 세금 감면 혜택

세금은 특정한 조건을 충족하면 감면받을 수 있는 혜택이 많습니다. 하지만 이런 혜택은 따로 챙기지 않으면 놓치기 쉽습니다. 국세청이나 세무서에서 일일이 알려 주지 않기 때문에 본인이 직접 확인하고 신청해야 합니다.

벤처기업 투자자에게 주어지는 세금 감면이나 청년층을 위한 소득세 감면, 중소기업 취업자의 소득세 감면 혜택 같은 혜택이 있는데요, 이런 제도를 잘 활용하면 합법적으로 세금을 줄이고, 미래를 위한 투자도 할 수 있습니다.

못 받은 공제 다시 받는 방법

연말정산에서 누락된 공제나 감면이 있다는 사실을 알게 됐나요? 걱정하지 마세요. '5월에 신고하자＋5년 내 신고하자'를 기억하면 됩니다.

연말정산을 마친 후 만약 빠진 공제 항목을 발견했다면 5월 말까지 홈택스에서 수정 신고하면 됩니다. 신고 버튼을 누르는 것이 부담될 수도 있지만, 너무 걱정하지 마세요. 최종 신고된 내용이 유효하게 반영되므로 여러 번 수정할 수 있습니다.

만약 6월이 지났다면 어떨까요? 그래도 방법은 있습니다. 경정청구라는 제도를 이용하면 최대 5년 전까지의 연말정산을 다시 검토하고 환급받을 수 있습니다. 이 절차는 홈택스에서 간편하게 신청할 수 있으며, 8월 이후 신청하면 실무적으로 비교적 원활하게 진행됩니다.

과거 5년간 연말정산 내역을 다시 살펴보는 것은 충분히 가치 있는 일입니다. 혹시 빠뜨린 공제가 있는지 점검하고 환급받을 기회를 놓치지 마세요.

책에 나오지 않은 내용이 궁금할 때

 국세상담센터 ➡ 자주묻는국세상담 ➡ 세법상담정보 ➡ 연말정산 ➡ 자주묻는Q&A

 한국납세자연맹 소득공제, 세액공제 해설

제3장
금융투자와 세금
: 현명한 투자자를 위한 세금 가이드

미국 주식을 팔면 세금을 낸다?

이자, 배당과 건강보험료의 관계

내용물에 따라 세금이 달라지는 ETF

BOARDING PASS

세금에 대한 기본 지식 없이 투자를 시작했다가 예상치 못한 세금 부담에 놀라곤 합니다. 그래서 현명한 투자자라면 투자 전략을 세울 때 세금을 고려해야 하죠. 그러려면 금융소득에 대한 세금 구조를 이해하는 것이 필수입니다. 국내 주식과 해외 주식에 적용되는 세금이 다르고, 펀드, 채권 등 투자 상품별로도 세금 처리 방식이 달라집니다. 또 금융소득이 특정 금액을 초과하면 종합소득세에 합산돼 더 높은 세율이 적용될 수도 있습니다.

이번에는 금융 투자에 따른 세금 구조를 체계적으로 살펴보고, 합법적인 범위 내에서 세금 부담을 줄일 수 있는 다양한 방법을 알아보겠습니다. 더불어 우리가 간과하기 쉬운 건강보험료 상승 등 투자 소득으로 인한 부가적인 비용까지 고려해 봅니다.

금융소득 과세 체계
: 금융소득 종합과세의 이해

　금융소득은 우리가 금융투자를 통해 얻을 수 있는 다양한 이익을 말합니다. 특히 세법에서 말하는 금융소득은 이자소득과 배당소득이며, 이에 대한 과세 방식은 분리과세와 종합과세 두 가지로 운영됩니다. 일반적인 이자와 배당에는 15.4%(소득세 14%, 지방소득세 1.4%)의 세율로 분리과세가 적용되지만, 연간 금융소득 합계액이 기준 금액(2천만 원)을 초과하면 다른 소득과 합산해 종합소득세율(6~45%)로 과세됩니다.

　금융소득 종합과세가 되면 실제로 세금이 얼마나 늘어날까요? 또 금융소득 종합과세를 피하려면 어떤 방식의 투자를 하는 것이 좋을까요?

금융소득이란?

금융투자를 통해 얻는 다양한 이익에는 어떤 세금을 납부해야 할까요? 금융투자로 얻을 수 있는 이익에는 무엇이 있는지, 언제, 어떻게, 얼마의 세금을 납부했는지 떠올려 보세요.

먼저 금융투자로 얻을 수 있는 대표적인 이익과 이에 대한 세금 부과 방식을 개괄적으로 알아보겠습니다.

금융투자로 얻을 수 있는 이익과 세금 부과 방식

이자

은행 예금이나 채권을 통해 받는 수익

"정기예금에 넣어 두니 매년 이자가 들어와."

해당 세금 이자소득세 15.4%(소득세 14%, 지방소득세 1.4%)

주식 매매 차익

주식을 저렴하게 매수한 후 비싸게 매도하여 얻는 차익

국내 주식 *"1주당 5만 원에 산 주식이 9만 원이 돼서 팔았어!"*
해당 세금 소액 주주가 국내 상장주식을 매매할 경우 비과세

※ 국내 주식이라도 비상장 주식의 매매 차익과 대주주의 매매 차익에는 양도소득세가 과세됩니다.

해외 주식 *"올해 미국 주식을 팔아서 500만 원 벌었어!"*
해당 세금 250만 원 초과 이익에 대해 양도소득세 22%(소득세 20%, 지방소득세 2%)

난생처음 세금 여행

배당금

주식을 보유하고 있을 때 기업이 이익을 나누어 주는 금액

"삼성전자 주식을 샀더니 배당금이 나왔어!"

해당 세금 배당소득세 15.4%(소득세 14%, 지방소득세 1.4%)

펀드 수익

펀드에 투자하여 운영 결과에 따라 얻는 수익

해당 세금 국내 주식형 펀드의 주식 매매 차익은 비과세, 배당금이나 채권 매매 차익으로 상승한 펀드 평가액은 과세. 펀드 이익을 배분받을 때는 배당소득세 15.4%(소득세 14%, 지방소득세 1.4%)

ETF 수익

ETF(상장지수펀드) 투자 후 매매 차익이나 배당으로 얻는 수익

해당 세금 국내 주식형 ETF는 비과세, 해외 상장 주식형 ETF는 250만 원 초과 매매 차익에 양도소득세 22%(소득세 20%, 지방소득세 2%)

연금소득

연금펀드, 퇴직연금(IRP) 등에 투자해 운영하던 자금을 연금으로 수령할 때 받는 연금액

해당 세금 퇴직금을 재원으로 한 연금에 대해서는 퇴직소득세, 세제 혜택을 받은 불입액과 이자의 합계에 대해서는 연금소득세 3~5%(소득세 3~5%, 지방소득세 0.3~0.5%) 부과

채권 이자 및 매매 차익

채권을 보유하며 받는 이자 또는 가격 상승 시 매도하여 얻는 차익

해당 세금 채권 이자는 이자소득세 15.4% 부과, 매매 차익은 비과세

가상화폐 매매 차익

비트코인 등 가상화폐를 매매할 때 얻는 차익

해당 세금 비과세

※ 2025년부터 과세를 하려고 했으나 유예, 향후 과세가 이루어진다면 해외 주식과 유사한 양도소득세 부과 가능성

금융소득 종합과세 이해하기

세법상 금융소득인 이자소득과 배당소득(일반적인 은행 이자, 국내 주식 배당금, 채권 이자 등)에는 소득세가 부과됩니다. 이때 연간 금융소득이 얼마냐에 따라 과세 방식이 달라집니다. 금융소득이 2천만 원 이하라면 따로 신경 쓰지 않아도 되며, 금융기관이 알아서 세금을 원천징수하는데 이를 분리과세라고 합니다. 하지만 2천만 원을 초과하면 다른 소득과 합산해서 내야 합니다. 이를 종합과세라고 합니다.

분리과세와 종합과세

연간 금융소득이 2천만 원 이하라면 금융소득세에 분리과세 방식이 적용됩니다. 금융기관에서 15.4%(소득세 14% + 지방소득세 1.4%)를 원천징수하며, 별도의 세금 신고가 필요하지 않습니다. 금융소득을 다른 소득(근로소득, 사업소득 등)과 합산하지 않기 때문에 종합소득세 부담이 없습니다.

그러나 모든 이자와 배당소득에 대해 14%의 소득세 원천징수율이 적용되는 것은 아니어서, 공익신탁법에 따른 공익신탁의 이익 등 비과세가 되는 이자소득도 있고, 농협 등 조합에 대한 출자금으로 일정 금액 이하에서 발생하는 소득은 저율

난 생 처 음 세 금 여 행

로 과세되기도 합니다. ISA 계좌에서 발생한 이자소득도 일정 금액 이하의 금융소득세는 비과세됩니다.

금융소득이 연 2천만 원을 초과하면 종합소득세 신고 대상이 됩니다. 금융소득이 근로소득, 사업소득 등과 합산되면서 원천징수 세율(14%)보다 높은 소득세율(최대 45%)이 적용될 수 있습니다. 금융소득 외에 다른 소득이 많으면, 종합과세가 적용되는 순간 세금 부담이 급증할 수 있으므로 절세 전략이 필요합니다.

금융소득 2천만 원 초과, 세금은 얼마나 늘까?

금융소득이 2천만 원을 넘으면 어떤 변화가 생길까요? 금융소득이 근로소득이나 사업소득과 합산되어 15.4%로 적용되던 세율이 조정될 수 있습니다. 따라서 종합과세 대상이 된다면 세금을 추가로 내야 할 수 있지만, 그렇다고 세금이 무조건 많이 늘어나는 건 아닙니다. 금융소득 종합과세를 너무 두려워할 필요는 없습니다. 중요한 건 어떤 경제적 효과가 있는지를 이해하고 미리 관리하는 겁니다.

실제로 금융소득이 2천만 원을 넘었을 때, 세금이 얼마나 나오는지 다음에 나오는 홍미자 씨의 사례에서 확인할 수 있습니다.

결국 금융소득 외의 소득이 많을수록, 다른 소득과 합산되

2024년 금융소득이 2,001만 원인 홍미자 씨의 경우

- 2천만 원을 초과한 1만 원에 대해서만 5월에 따로 신고하는 게 아닙니다! 금융소득 전체가 종합소득에 합산돼서, 기존 원천징수된 세금과 비교해 추가로 내야 할 금액이 결정되죠.

- 하지만 추가 세금은 2천만 원 초과분에만 해당됩니다. 2천만 원까지는 이미 14% 단일 세율이 적용되고, 초과된 금액은 다른 소득과 합산해 누진세율(6~45%)이 적용돼요.

- 홍미자 씨의 경우 금융소득 외 다른 소득이 없다고 가정하면, 6%가 적용되어야 하는데 금융소득은 이미 14%를 납부했죠? 따라서 이 경우 추가로 납부할 세금은 없어요. 그렇다고 돌려주지도 않습니다.

☑ **2천만 원까지는 14% 적용** → 2,000만 원 × 14% = 280만 원
☑ **초과된 1만 원에 대해서는 6% 적용** → 10,000원 × 6% = 600원
☑ **총세금** = 280만 원 + 600원 = 2,800,600원
☑ **기납부 세금(원천징수 세금)** = 20,010,000 × 14% = 2,801,400원
☑ **총세금(2,800,600원) < 기납부세금(2,801,400원)** → 추가 납부 없음 (환급도 없음)

- 만약 홍미자 씨가 금융소득 외에 연봉 1억 원의 근로소득이 있다고 가정해볼게요. 그러면 홍미자 씨의 한계세율이 24%로 올라가요. 따라서 초과된 1만 원에 대해서 24% 세율이 적용됩니다.

☑ **2천만 원까지는 14% 적용** → 2,000만 원 × 14% = 280만 원
☑ **초과된 1만 원에 대해서는 24% 적용** → 10,000원 × 24% = 2,400원
☑ **총세금** = 280만 원 + 2,400원 = 2,802,400원
☑ **기납부 세금(원천징수 세금)** = 20,010,000 × 14% = 2,801,400원
☑ **총세금(2,802,400원) > 기납부세금(2,801,400원)** → 1,000원 추가 납부!

면서 세율이 높아져 세금 부담이 커질 수 있습니다. 하지만 종합과세가 되더라도 모든 금융소득이 한 번에 높은 세율로 과세되는 건 아닙니다. 초과된 금액에 대해서만 추가 부담이 생기는 구조이므로, 세금이 갑자기 크게 늘어나지는 않습니다.

그래서 미리 금융소득을 관리하는 전략이 필요합니다. 금융소득을 분산하거나, ISA 계좌를 활용하는 등의 방법이 있죠. 이제 금융소득 종합과세를 피할 수 있는 효과적인 절세 전략을 이야기해 볼까요?

금융소득 종합과세를 피하는 투자 포트폴리오

금융소득이 많아지면 종합과세 대상이 될 수 있지만, 미리 관리하면 세금 부담을 줄일 수 있습니다. 효과적인 투자 전략을 활용하면 금융소득을 분산시키거나 세금이 덜 나오는 구조를 만들 수 있거든요. 따라서 무조건 금융소득을 줄이는 게 아니라, 어떤 계좌를 활용하고, 어떤 종목을 선택하고, 자산을 어떻게 배분하느냐에 따라 세금 부담이 달라질 수 있어요. 대표적인 방법을 몇 가지 소개하겠습니다.

ISA 계좌의 활용

예금 또는 국내 배당주(해외투자 국내 ETF 포함)에 투자하는 방법이 있습니다. 특히 국내 배당주에 투자하면 ISA 계좌를 활

용할 수 있어 금융소득을 효율적으로 관리할 수 있습니다. ISA
계좌에서는 비과세 또는 낮은 세율(9.9%)로 분리과세가 가능
해 금융소득 종합과세를 피할 수 있습니다.

⊘ ISA 계좌 만기 설정 전략

금융자산이 빠르게 증가하여 향후 금융소득 종합과세 위험이 있다면
ISA 계좌의 만기를 길게 설정해 보세요. ISA 가입 시점과 만기 연장 시
점에 금융소득 종합과세 여부를 판단하는데, 직전 3년 중 한 번이라도
금융소득 종합과세가 된 경우 새로운 ISA 가입이 불가능합니다. 그러
나 기존에 가입한 ISA는 유지할 수 있으므로 이를 활용해 장기적인 절
세 전략을 세울 수 있습니다.

성장주 중심의 투자 전략

고배당주보다 배당을 하지 않는 성장주에 투자하는 것도
좋은 방법입니다. 배당이 많으면 그만큼 금융소득이 늘어나지
만, 성장주는 주가 상승을 통한 수익을 기대할 수 있어 금융소
득에 대한 부담이 적습니다.

또 해외 주식에 직접 투자하면, 매매 차익에 대한 양도소득
세를 납부해야 하지만 금융소득세 종합과세 대상은 아니며,
단일 세율(소득세 20%, 지방소득세 2%)이 적용되므로 누진세율
부담이 없습니다.

금융상품 비중 조절

이자와 배당소득이 많은 금융상품의 비중을 조절해야 합니다. 이자율과 배당수익률이 4%인 금융상품에 투자하면, 2천만 원의 금융소득이 나오는 데 5억 원의 원금이 필요하죠. 이런 점을 고려하여 자산 포트폴리오를 구성합니다.

예금과 ELS 만기 관리

2024년 1월 2일에 가입한 정기예금이 2025년 1월 2일에 만기라면, 세법상 해당 이자소득은 몇 년도 소득으로 볼까요? 실제로 이자를 받는 2025년도 소득으로 봅니다. 일반적으로 금융소득은 실제 그 돈을 받을 때 과세됩니다.

따라서 금융상품의 만기 시점에 따라 예상치 못하게 금융소득 종합과세 대상이 될 수 있습니다. 연 환산 수익률이 4% 정도일 때, 원본 금액이 5억 원 미만이어도 만기 시점이 몰리면 금융소득 종합과세 대상이 될 수 있습니다.

만약 ELS에 1억 원을 투자해서 3년이 지나 연평균 7% 수익을 내고 2,100만 원의 이자를 받으면 어떻게 될까요? 세법상 한 해의 이자소득으로 간주되어 금융소득 종합과세 대상이 될 수 있습니다. 세법상 이자소득의 귀속 시기가 실제로 수령하는 시점이기 때문입니다.

가족 간 균형 있는 금융자산 관리

부부 중 한 명의 명의로만 금융자산을 관리하기보다는 배우자와 균형 있게 자산을 보유하는 것이 좋습니다. 외벌이 가정 남편이 벌어들인 소득에서 생활비를 제외한 자금을 부인 명의로 금융자산을 형성한다면 부부간 증여 비과세 한도(10년 내 6억 원)를 고려해야 합니다.

또 자녀에게 금융자산을 증여할 계획이 있다면 증여세와 금융소득에 따른 세금까지 함께 생각해 보세요.

절세 투자 계좌
: ISA와 보험상품 활용법

　금융투자를 하면서 내야 하는 세금을 줄이기 위한 대표적인 금융상품으로는 ISA와 다양한 보험상품이 있습니다.

　ISA는 예금, 펀드, 주식 등 여러 금융상품을 한 계좌에서 운용하며 발생한 이익에 대해 일정 한도 내에서 비과세 혜택을 제공합니다. 누가 어떤 종류의 ISA를 만들 수 있을까요? ISA 계좌를 만든 이후에는 어떻게 활용해야 할까요?

　또 보험상품 중에서는 변액보험, 저축성 보험 등이 세금 혜택을 제공합니다. 특히 10년 이상 유지하는 장기 저축성 보험의 경우 이자소득세 비과세 혜택을 받을 수 있지만, 비과세라고 해서 실질 수익률까지 보장되는 것은 아닙니다. 보험상품에 가입하기 전에 꼭 알아야 할 것은 무엇일까요?

ISA의 절세 효과

ISA 계좌(개인종합자산관리계좌, Individual Savings Account)는 금융소득이 많든 적든, 누구에게나 도움이 되는 절세 계좌입니다. 특히 세금 부담을 줄이면서 금융자산을 효과적으로 키울 수 있어서 장기적인 투자 계획이 있다면 더욱 유용하죠.

만들 수만 있다면 ISA는 무조건 만드는 것이 절세 면에서 유리합니다. 하지만 앞에서 설명했듯이 우리 삶의 목적은 '절세'가 아닙니다. 계좌에서 얻을 수 있는 이익이 절세라면, 계좌를 추가로 개설하고 관리하는 데 드는 에너지, 원하는 금융 상품을 선택하는 데 필요한 시간적, 정신적 에너지 소요를 같이 고려해서 개인의 상황에 맞게 선택하는 지혜를 발휘해야 합니다.

나도 ISA를 만들 수 있을까?

ISA는 일정 요건을 충족하는 개인이라면 가입할 수 있는 절세 계좌입니다. 가입 유형에 따라 일반형, 서민형, 농어민형으로 구분되고, 유형별로 가입 조건과 세제 혜택이 다르지만 의무 가입 기간은 동일하게 3년입니다.

ISA 납입 한도와 비과세 혜택도 점차 늘어날 전망입니다.

난생처음 세금 여행

ISA 계좌의 유형

일반형 ISA	• 만 19세 이상 거주자(국내에 주소를 두거나 183일 이상 거주한 외국인 포함) • 만 15세 이상이면서 직전 과세 기간에 근로소득이 있는 자 • 전 금융기관을 통틀어 1인 1계좌만 보유 가능 • 가입일 또는 연장일이 속한 과세 기간 직전 3개 과세 기간 중 1회 이상 금융소득 종합과세 대상자가 아닐 것 • 비과세 한도 200만 원
서민형 ISA	• 소득이 적은 근로소득자 또는 종합소득자 대상 • 만 19세 이상의 거주자 중 직전 연도 총급여액(각종 소득공제 차감 전 금액) 5천만 원 이하이거나, 종합소득금액(비용 및 각종 소득공제 차감 후 금액)이 3,800만 원 이하이거나 소득이 없는 거주자도 가능 • 만 15~19세는 직전 연도 근로소득이 5천만 원 이하면 가입할 수 있지만, 소득이 없는 경우에는 가입할 수 없음 • 비과세 한도 400만 원 • 소득확인증명서 제출
농어민형 ISA	• 농업 및 어업에 종사하는 거주자를 위한 계좌 • 직전 연도 종합소득금액(경비 차감 후 금액)이 3,800만 원 이하인 경우 • 비과세 한도 400만 원 • 가입하려면 농어업인 확인서 또는 농어업 경영체 등록 확인서 중 한 가지와 소득확인증명서 제출

특히 현재는 전 금융기관을 통틀어 1인당 1계좌만 만들 수 있지만, 1인 다계좌를 만드는 방안도 논의되고 있습니다.

ISA 가입하기

《대한민국 금융소비자 보고서 2025》(하나금융연구소)에서는

ISA 계좌를 보유하거나 신규 가입 의향이 있는 2,482명의 가입 형태를 조사했습니다. 증권사를 통한 ISA 가입이 은행보다 2배 가까이 많고, 금융자산이 많을수록 증권사 가입 비율이 높았습니다. 또 5천 명을 대상으로 ISA 향후 거래 의향을 물었더니, ISA를 알긴 하지만 가입하지 못 하는 사람과 아예 모르는 사람들의 비율이 50%를 넘었습니다.

내가 ISA에 가입하는 게 절세에 도움이 되겠다고 판단했다면, 어디에서 가입하는 게 유리할까요?

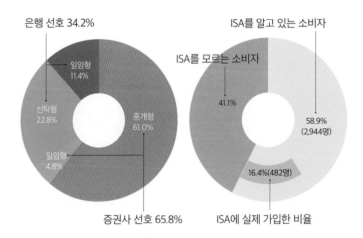

어디에서 가입할까?

은행 선호 34.2%
일임형 11.4%
신탁형 22.8%
중개형 61.0%
일임형 4.8%
증권사 선호 65.8%

ISA를 알고 있는 소비자
ISA를 모르는 소비자
41.1%
58.9% (2,944명)
16.4%(482명)
ISA에 실제 가입한 비율

ISA는 다양한 금융상품을 담을 수 있는 '봉투'와 같습니다. ISA 신탁형이나 ISA 중개형에 가입하면, 투자 성향에 따라 내 봉투 안에 담을 금융자산을 자유롭게 결정할 수 있는 거죠.

난생처음 세금 여행

유형별 ISA 특징

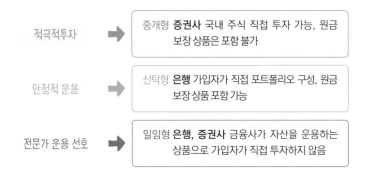

적극적투자 ➡ 중개형 **증권사** 국내 주식 직접 투자 가능, 원금 보장 상품은 포함 불가

안정적 운용 ➡ 신탁형 **은행** 가입자가 직접 포트폴리오 구성, 원금 보장 상품 포함 가능

전문가 운용 선호 ➡ 일임형 **은행, 증권사** 금융사가 자산을 운용하는 상품으로 가입자가 직접 투자하지 않음

ISA 일임형은 금융사에서 알아서 담아서 운용해 주는 방식입니다. 원하는 금융상품이 무엇인지에 따라 어떤 ISA를 개설하는 게 적합할까요?

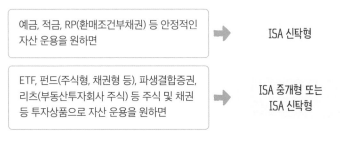

예금, 적금, RP(환매조건부채권) 등 안정적인 자산 운용을 원하면 ➡ ISA 신탁형

ETF, 펀드(주식형, 채권형 등), 파생결합증권, 리츠(부동산투자회사 주식) 등 주식 및 채권 등 투자상품으로 자산 운용을 원하면 ➡ ISA 중개형 또는 ISA 신탁형

※ ISA 계좌를 통해서 해외 주식 직접 투자는 불가능(해외 주식형 펀드는 가능)

민이 아빠를 위한 ISA 실전 재무코칭

실전 1 **ISA의 비과세 한도와 납입 한도는 어떻게 다를까요?**

ISA의 연간 200~400만 원 한도는 납입 한도가 아니라 '비과세 혜택이 적용되는 이자소득과 배당소득의 한도'입니다. 즉 의무 가입 기간인 3년 동안 400만 원(또는 200만 원)까지의 금융소득은 세금을 내지 않고 받을 수 있다는 의미죠.

연봉 5천만 원 이하(또는 종합소득금액 3,800만 원 이하) → 가입 기간(최소 3년 이상) 중 발생한 이자·배당소득 중에서 400만 원까지는 비과세

그 외의 경우 → 200만 원까지 발생한 이자·배당소득 비과세

비과세 한도를 초과한 부분 → 9.9%의 분리과세 적용

총 납입 한도 1억 원(누적)

실전 2 얼마를 납입하면 200만 원의 혜택을 모두 볼 수 있나요?

200만 원의 소득에 대해서 세금을 부과하지 않는다는 의미는 200만 원의 15.4%인 308,000원을 아낄 수 있다는 의미입니다. 하지만 200만 원 초과액에 대해서도 일반 세율인 15.4%보다 5.5%가 낮은 9.9%를 부과하기 때문에 절세액은 계속 늘어납니다.

다만 매년 308,000원씩 혜택을 보는 건 아니에요. 3년간 총 비과세 한도가 200만 원인 거죠. 하지만 이자가 재투자되고, 초과분도 저율과세되기 때문에 3년 후 아끼는 세금은 더 커질 수 있습니다. 정확한 금액은 ISA에 납입한 돈이 매년 몇

%의 이자소득과 배당소득을 얻을 수 있는지에 따라 달라지니까, 예상 수익률을 기준으로 계산해 보면 더 정확한 절세 효과를 알 수 있습니다.

모든 자금을 3% 정기예금으로 운영했다고 가정하면, 매년 초 2천만 원씩 3년간 예금에 납입했을 때 연이율 3%로 이자소득이 발생합니다. 그러면 3년 차에는 누적 이자소득이 일반형 ISA의 비과세 한도인 200만 원을 초과하고, 200만 원 넘는 금액에 대해 9.9%가 적용됩니다. 이자에 대한 세금을 3년간 내지 않았기 때문에 이를 재투자해서 얻는 이익(과세이연)까지 고려하면 ISA를 통해 얻는 이익은 약 41만 원입니다.

200만 원 혜택이 있다고 했을 때는 꽤 큰 것 같았는데, 6천만 원을 납입했을 때 총 40만 원 정도 절세 효과가 있다면, 생각보다 효과가 크지 않은 것도 같죠? 하지만 다른 조건이 모두 동일하다면 어차피 운용할 돈을 단지 ISA 계좌에서 운용하는 것만으로 추가 이익을 주는 것이기 때문에 손해 볼 것이 없어요. 이런 절세 효과를 10년, 20년 누리면서 투자한 사람과 무시하고 투자한 사람의 결과는 다를 겁니다. 투자 수익률이 높아진다면 절세 효과도 더 커질 거고요.

또 지금은 3년 후 해지를 가정했는데, 이자를 내지 않는 기간이 길어지면 일반 계좌에서 운용했을 때보다 혜택은 더 커지고, 금융소득 종합과세 걱정 없이 투자할 수 있다는 장점을 더 크게 느낄 수 있습니다.

ⓐ 미국 S&P 500 지수를 추종하는 국내 상장 ETF에 투자하면 S&P 500 상승으로 인한 이익이 일반 계좌에서는 배당소득으로 과세됩니다. 하지만 ISA에서는 비과세 또는 저율 과세 혜택을 받을 수 있죠. 그래서 이런 과세 대상 금융상품은 ISA에 담는 것이 유리합니다. 다만 금융소득세 부담이 거의 없는 국내 주식형 펀드나 국내 주식 ETF는 ISA의 세금 혜택이 적용되지 않아요. 과세소득이 많은 투자를 할 때 ISA를 활용하는 것이 효과적입니다.

실전 3 ISA에 납입할 때 고려해야 것들

ISA는 세제 혜택이 크지만, 투자할 때 세금보다 우선 고려해야 할 것은 자산 배분입니다. 잉여 자금을 얼마큼, 어디에, 어떤 통화로 투자할지를 먼저 결정한 후, 원화로 투자할 금액 중 일부를 ISA에 담고 나머지는 다른 투자 수단을 활용하는 것이 중요합니다.

단순히 절세 계좌라는 이유로 모든 자금을 ISA에 넣는 것은 본질을 놓친 의사 결정이 될 수 있습니다.

• 고려 사항 1 원화와 달러 비중

앞으로 미국 주식의 성장 가능성이 크고, 달러 비중도 일부 가져가는 것이 좋겠다고 판단한다면 ISA 계좌는 사용할 수 없습니다. ISA로는 해외 직접 투자가 불가능하기 때문입니다.

• **고려 사항 2** 세금

해외 직접 투자는 못 하지만 간접 투자는 가능합니다. 국내 상장 해외 주식 ETF(미국 S&P 500 ETF, 글로벌 리츠 등)를 활용하면 됩니다. 직접 투자 시에는 양도소득세를 내야 하지만, 국내 상장 해외 주식 ETF에서 발생한 수익은 배당소득으로 처리됩니다.

ISA 계좌는 배당소득을 비과세 또는 저율과세하기 때문에 해외 직접 투자를 통해 양도소득세를 내야 하는 금액과 ISA에서 배당소득세를 내는 금액을 비교해서 투자해야 합니다.

• **고려 사항 3** 미래 잉여 자금까지 고려해서 미리 개설

당장 투자할 자금이 없더라도 한도가 매년 증액되고, 올해 납입하지 못한 납입 한도 금액은 이월되기 때문에 미리 만들어 두는 것이 좋습니다.

지금은 잉여자금이 거의 없지만 3년 후 부동산 처분 자금이 발생할 예정이라면 미리 ISA를 개설해 두고 3년 차까지 납입하지 않습니다. 3년 후 잉여자금이 생겼을 때 신규로 ISA를 개설하면 2천만 원까지만 납입할 수 있지만, 이렇게 미리 만들어 두었다면 3년 치 납입 한도인 6천만 원까지 ISA 계좌에 납입해서 절세 효과를 볼 수 있습니다.

•고려 사항 4 새롭게 바뀐 해외 펀드 외국납부세액의 처리

해외 펀드에서 원천징수되는 배당소득세를 보존해 주는 제도가 사라지면서 해외 투자상품의 배당소득세 과세이연 효과가 사라집니다. 하지만 기본적인 비과세 혜택은 유지되도록 외국납부세액을 만기 납입액에서 차감해 주는 방식이 도입될 예정이기 때문에 여전히 ISA의 절세 효과는 유효합니다.

🔍 ISA 총정리

- ISA의 비과세 한도는 납입 한도나 절세액이 아니라 비과세되는 이자소득의 한도
- 금융소득 200만 원에 대한 절세액은 200만 원 × 15.4%, 200만 원이 초과되는 금융소득에 대한 절세액은 한도 초과액 × (15.4% − 9.9%)
- 투자 기간이 길어지고, 투자 수익률이 올라갈수록 ISA 투자로 인한 이익도 커짐
- 비과세 한도를 100% 활용할 수 있는 납입 금액은 이자율과 투자 수익률에 따라 달라지지만, 한도 초과액도 저율과세되기 때문에 비과세 한도에 크게 구애받지 않아도 상관없음
- ISA는 해외 직접 투자가 불가능하고, 총납입 한도가 1억 원임을 고려해서 포트폴리오 구성
- 금융소득이 많은 사람은 ISA를 최대한 활용하는 것이 유리

난생처음 세금 여행

절세의 함정

비과세 저축보험

비과세 저축보험이란 소득세법 규정에 따라 일정 요건을 충족하면 이자소득세(15.4%)가 면제되는 보험상품을 의미합니다. 은행 예금, 적금과 달리 이자에 대한 세금을 내지 않아도 된다는 점이 특징입니다.

비과세 요건

1. 계약 기간 10년 이상 유지
2. 일정 납입 한도 내에서 가입(일반적으로 월 150만 원 한도, 일시납 1억 원 한도)

비과세 조건만 충족하면 어느 보험사 상품이든 동일한 비과세 혜택을 받을 수 있습니다. 가끔 'VIP 전용', '특정 기간에만 가입 가능' 같은 마케팅으로 소비자를 현혹하지만, 이것은 소득세법이 정한 조건을 만족하면 누구나 받을 수 있는 일반적인 제도입니다. 특정 보험사나 특정 시기에만 제공되는 것이 아니라는 점을 꼭 기억하세요.

그렇다면 비과세 저축보험은 세금을 내지 않아도 되기 때문에 과세가 되는 예·적금보다 무조건 유리할까요?

방카슈랑스 개념과 주의할 점

방카슈랑스(Bancassurance)는 '은행(Bank)'과 '보험(Assurance)'의 합성어로, 은행에서 보험상품을 판매하는 제도를 말합니다. 은행에서 가입을 권유한다고 해서 은행 상품과 동일하다고 생각하면 안 됩니다. 중요한 점은 운용회사가 어디인지 확인하는 것입니다.

예금, 적금과 방카슈랑스 상품의 차이

예금과 적금은 판매회사(은행)와 운용회사(은행)가 동일합니다. 하지만 방카슈랑스를 통해 가입하는 저축보험은 은행이 판매하더라도 운용은 보험사가 담당합니다. 따라서 가입 전 해당 상품이 은행이 아닌 보험사의 상품인지를 반드시 확인해야 합니다.

간혹 보험사가 '비과세 저축보험'이라는 이름으로 홍보하다 보니, 장기 적금과 같은 안정적인 금융상품으로 착각하는 경우가 많습니다. 하지만 저축보험은 보험료 일부가 사업비와 위험보험료로 차감되며, 단순한 적금과 큰 차이가 있습니다.

보험사의 이자율과 은행의 이자율 비교 시 유의점

보험사에서 말하는 '공시 이율'과 은행의 '예·적금 금리'를 동일하게 비교하면 안 됩니다.

난 생 처 음 세 금 여 행

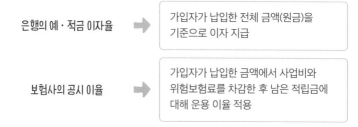

| 은행의 예·적금 이자율 ⇒ | 가입자가 납입한 전체 금액(원금)을 기준으로 이자 지급 |
| 보험사의 공시 이율 ⇒ | 가입자가 납입한 금액에서 사업비와 위험보험료를 차감한 후 남은 적립금에 대해 운용 이율 적용 |

즉 가입자가 낸 전체 금액에 적용되는 것이 아니므로, 실질적인 수익률은 은행의 예·적금보다 낮을 가능성이 큽니다.

따라서 반드시 만기 시 세후 수령액을 비교해야 합니다. 비과세 혜택이 있더라도 세후 수익률이 낮으면 의미가 없습니다. 비과세 혜택이 있다는 이유만으로 단순히 유리하다고 생각하지 말고, 은행 적금과 비교해 실제로 더 많은 돈을 받을 수 있는지 확인해 보세요.

저축보험의 조기 해약 리스크

저축보험은 장기 상품이므로 중도 해약 시 위약금이 발생할 수 있습니다. 가입 초기에는 사업비로 차감되는 금액이 크기 때문에 해약환급금이 원금보다 적을 수 있습니다. 하지만 어떤 사람들에게는 이 단점이 오히려 장점이 될 수도 있어요. 쉽게 해지할 수 없으니 강제저축 효과가 있다고 느낍니다. 결국 금융상품은 좋고 나쁜 것이 없습니다. 개인의 성향과 목표에 따라 적합한 것을 고르면 됩니다. 하지만 무슨 상품인지도 모르고 가입하는 것은 피해야 합니다.

가입 전 확인해야 할 사항

- 이 상품이 은행이 아닌 보험사의 상품인지 확인
- 가입 후 몇 년까지 해지하면 손해가 발생하는지 확인
- 비과세 혜택을 감안해도 세후 수익률이 다른 금융상품보다 높은
  지 확인

비과세 저축보험이 세금을 내지 않는다고 해서 무조건 유리
한 것은 아닙니다. 비과세라는 말에 현혹되지 말고 세후 실질 수
익률을 확인하고 본인의 자금 계획과 성향에 맞게 선택하세요.

보험사의 펀드: 비과세 변액연금

변액연금은 일반적인 연금과 달리 투자 수익에 따라 연금
액이 변동되는 보험상품입니다. 개념이 어렵게 느껴질 수 있
지만, ISA처럼 금융상품을 담는 '봉투'라고 생각하면 이해가
쉽습니다. 간단하게 정리하자면, 은행과 증권사에서 가입할
수 있는 절세 계좌가 ISA, 보험사에서 가입할 수 있는 절세 계
좌가 변액연금입니다.

두 상품 모두 투자 수익에 따라 세금 혜택을 받을 수 있다
는 점에서 공통점이 있지만, 변액연금은 보험상품이기 때문에

변액연금 vs. ISA

항목	ISA	변액연금
가입처	은행, 증권사	보험사
투자 방식	예금, 펀드, ETF 등 선택 가능	보험사가 운용하는 펀드 투자
투자액	납입액 전체	사업비, 위험보험료 차감 후 투자
비과세 요건	일정 기간 유지 후(3년)	일정 기간 유지 후(10년)
인출 가능 여부	납입액의 80~90% 내에서 자유롭게 인출 가능	중도 인출이 제한적
해지 시 위약금	없음	발생 가능
원금 보장	상품에 따라 가능	원금 보장형 상품 존재 (수수료 부과)
연금화 가능 여부	불가능(자산 인출 방식)	가능(종신연금 수령 가능)

변액연금의 장점

- 장기 투자 시 수익에 대해 비과세 혜택을 받을 수 있음
- 일정 연령 이후 종신연금으로 전환 가능(오래 사는 위험 대비)
- 원금 보장형 상품 선택 가능

변액연금 가입 시 고려할 점

- 사업비, 위험보험료 차감 후 투자되므로 실제 수익률이 낮을 수 있음
- 중도 인출이 어렵고 해지 시 위약금 발생
- 원금 보장 옵션 선택 시 추가 수수료 부과

몇 가지 중요한 차이점이 있습니다.

변액연금은 단순한 절세 상품이 아니라 장기적인 노후 대비를 위한 연금 설계의 한 부분입니다. 다양한 형태의 변액연금이 있으므로 상품 구조를 개별적으로 잘 확인해야 합니다. ISA처럼 유연하게 운용할 수 있는 상품은 아니므로, 장기 유지 가능 여부와 연금 수령 계획을 고려해 신중히 선택하세요.

해외 주식 직접 투자 시 세금

해외 주식에 투자하는 방법은 크게 두 가지가 있습니다. 하나는 해당 국가의 통화로 환전해 직접 해외 주식을 매수하는 방식이고, 다른 하나는 해외 주식에 투자하는 국내 펀드나 ETF에 투자하는 간접 방식입니다. 이 두 가지 투자 방식은 수익 구조뿐만 아니라 세금을 납부하는 방식에도 상당한 차이가 있습니다.

이번에는 해외 주식에 직접 투자할 때 알아 두어야 할 세금 관련 사항들을 중점적으로 살펴봅니다.

해외 주식에 투자하면 발생하는 세금

해외 주식에 투자하는 방법은 여러 가지가 있지만, 여기서는 외화로 환전해서 직접 투자를 하는 경우에 한정해서 이야기하겠습니다. 해외 주식을 투자하면 기대할 수 있는 수익은 크게 두 가지입니다. 하나는 주식을 사고팔면서 생기는 양도 차익, 또 하나는 보유한 주식에서 나오는 배당금이죠. 하지만 이런 수익에는 세금이 부과됩니다.

이 두 가지 세금은 투자자의 거주 국가와 투자 대상 국가의 세법에 따라 과세 방식이 달라질 수 있습니다. 앞으로 특별한 언급이 없다면, 미국 주식이라고 생각하고 설명하겠습니다.

미국 주식 투자와 배당소득세

국내 금융회사를 통해 해외 주식에 투자하여 해외 주식을 보유하고 있으면, 소득세법에 따라 배당금 지급 시 해당 국가에서 먼저 원천징수를 합니다. 미국 주식 배당소득세율은 우리나라의 14%보다 높은 15%입니다. 미국 주식에서 배당금을 받으면 세금을 뗀 후 지급됩니다. 한국에서는 해외 배당소득에 14%의 세율을 적용하지만, 미국에서 이미 15%를 납부했기 때문에 한국에서 추가로 내야 하는 세금은 없습니다. 해외 증권사에 직접 계좌를 만들어 투자한 경우라면 어떨까요? 외국에서 받은 배당금은 금액에 관계없이 반드시 종합소득에 합산하여 신고해야 합니다.

미국 주식에 2억 원을 투자한 후, 3천만 원을 손해 보고 주식을 팔았습니다. 그런데 올해 받은 배당소득이 2천만 원을 초과한다면, 금융소득 종합과세 대상일까요, 아닐까요? 안타깝지만 금융소득 종합과세 대상입니다. 매매로 손실이 발생했지만, 배당소득과 상계처리가 되지 않기 때문이에요.

미국 주식에서 받은 배당금이 많아서 금융소득 종합과세 대상이 되었다면 한 가지 잊지 말아야 할 점이 있습니다. 바로 해외에서 이미 원천징수된 세금을 '외국납부세액'으로 공제받을 수 있다는 겁니다. 해외 주식 배당소득은 해당 국가에서 먼저 세금을 떼고 지급합니다. 그런데 우리가 한국에서도 같은 배당소득에 대해 세금을 내야 하니, 이중과세가 될 수 있습니다. 그래서 우리나라에는 외국에서 이미 납부한 세금을 공제해 주는 제도가 있습니다.

금융소득 종합과세자가 되면 세금 부담이 커질 수 있지만, 외국납부세액 공제를 활용하면 부담을 줄일 수 있습니다. 그러니 이 부분을 꼭 스스로 챙겨야 합니다.

미국 주식 투자와 양도소득세

해외 주식을 팔아서 이익이 발생하면 양도소득세를 내야 합니다. 세금 계산 공식은 다음과 같습니다.

양도 차익 = 매도 가격 − 매수 가격 − 매매 수수료

과세표준 = 양도 차익 − 기본공제(250만 원)

세금 = 과세표준 × 22%(지방소득세 포함)

해외 주식의 양도소득세는 연말정산처럼 자동 정산되지 않기 때문에, 5월 종합소득세 신고 기간에 직접 국세청 홈택스에서 신고해야 합니다. 연도별 해외 주식 거래 내역을 증권사에서 받아 신고할 수 있습니다. 그런데 해외 주식의 양도소득세도 절세할 수 있는 여러 가지 방법이 있습니다.

전략 1 매도 후 재매수 전략

연말에 평가이익이 큰 주식을 매도하고 다시 재매수하면 양도소득세 과세 시점을 조정할 수 있습니다. A 주식의 평가 이익이 400만 원이고, B 주식이 200만 원 손실이라면 어떨까요? 두 주식을 모두 매도하고 다시 매수하면 양도 차익은 200만 원으로 줄어들어 기본공제(250만 원) 내에서 양도소득세가 발생하지 않습니다. 단 매도 후 동일한 가격에 다시 매수하지 못할 위험과 수수료 및 거래세를 감수해야 합니다.

전략 2 배우자 증여 후 매도

배우자에게는 10년간 6억 원까지 증여세가 면제됩니다. 해외 주식을 배우자에게 증여하고 1년 이후 매도하면 가계 전체로 보았을 때 양도소득세 부담을 줄일 수 있습니다. 배우자가 매도한 자금을 다시 받는 것도 증여에 해당합니다.

다만 세금을 아끼려고 실질적인 주인은 바뀌지 않은 상태에서 형식적으로만 명의를 바꾼 것으로 보이면 탈세로 여겨져 문제가 될 수 있습니다. 세법은 실질주의이기 때문입니다.

또 2024년 세법 개정에 따라 1년 내 매도하면 원래 취득가액으로 양도소득세를 계산하기 때문에 절세 효과가 없습니다. 장기 투자를 생각하는 경우에 고려할 만한 방법입니다.

민이 아빠를 위한 미국 투자 실전 재무코칭

실전 1 손해를 본 주식을 아직 못 팔았는데, 세금은 어떻게 되나요?

양도소득세는 매도한 주식에 대해서만 부과됩니다. 아무리 이익이 나더라도 아직 매도하지 않았다면 손익이 확정된 금액이 아니기 때문에 과세하기 어렵습니다. 어차피 손해를 보고 매도할 예정이었다면, 이익이 난 주식과 같이 파는 것이 양도세를 줄이는 데 도움이 됩니다. 만약 계속 보유하고 싶은 주

난 생 처 음 세 금 여 행

식이라면 팔았다가 재매수할 수 있습니다. 물론 거래비용이나 매도 후 같은 가격에 살 수 없는 위험은 감안해야 합니다.

실전 2 투자로 인한 소득세를 줄이려면 어떻게 해야 하죠?

배당소득세를 줄이려면 배당금이 적은 성장주 중심으로 투자하는 것도 방법입니다. 그리고 매매 차익을 낼 때는 매년 주어지는 250만 원의 기본공제를 잘 활용하는 게 중요합니다.

만약 주식을 장기로 보유할 생각이라면 배우자나 자녀에게 증여하는 것도 고려할 수 있습니다. 배우자에게는 10년 동안 6억 원까지 증여세 없이 줄 수 있고, 성인 자녀에게는 5천만 원까지 비과세가 적용됩니다. 본인이 보유한 미국 주식을 배우자나 자녀에게 미리 증여하면, 나중에 배우자나 자녀가 그 주식을 매도할 때 증여 시점 가격이 취득가액이 되어 양도소득세 부담을 줄일 수 있습니다(증여 1년 이후 매도 가정).

실전 3 배우자에게 주식을 넘긴 후 배우자가 바로 팔면 세금 없이 수익을 가져갈 수 있나요?

증여 후 1년 이내에 매도하면 '이월과세'가 적용됩니다. 이월과세는 양도 차익을 계산할 때 증여받은 사람이 아니라 원래 주식을 보유했던 사람의 기준으로 과세하는 것입니다. 즉 증여 후 1년 이내에 매도하면 결국 본인이 직접 매도한 것과 동일한 세금이 부과될 수 있다는 뜻입니다.

그래서 증여한 후 최소 1년은 보유해야 절세 효과를 볼 수 있습니다. 당장 팔 주식이 아니라 장기적으로 보유할 주식을 증여하는 것이 좋습니다. 장기적으로 상승할 주식을 증여하는 것은 단순히 양도소득세를 줄이는 것뿐만 아니라, 향후 증여나 상속 시 발생할 세금을 미리 대비하는 측면도 있습니다.

해외 주식 투자와 연말정산(배우자 공제)

해외 주식에 직접 투자할 때는 단순히 양도소득세만 고려할 것이 아니라, 연말정산에 어떤 영향을 미치는지도 함께 살펴보는 것이 중요합니다.

전업주부 강미자 씨가 미국 주식에 직접 투자해서 양도 차익 101만 원을 얻었다면, 양도소득세(250만 원 이하 비과세)를 내지 않아도 됩니다. 하지만 남편의 연말정산에서 배우자 공제를 받을 수 없게 됩니다. 배우자 공제(150만 원)는 배우자의 연소득이 100만 원을 초과하면 받을 수 없기 때문입니다. 그러면 남편이 받을 수 있었던 세금 혜택이 사라지고, 만약 남편의 한계세율이 24%라면 최소 39만 6천 원(배우자 공제 150만 원 × 24% × 1.1)의 세금을 추가로 내야 합니다.

이럴 때는 직접 투자보다는 ISA를 활용해 미국 주식으로 구성된 국내 ETF에 투자하는 것을 고려할 수 있습니다.

난 생 처 음 세 금 여 행

✅ 해외 주식 투자 시 주의할 점

- 미국 주식 양도 차익은 차익이 발생한 연도의 이듬해 5월 31일까지 양도소득세 20%(지방소득세 2% 별도)를 신고 및 납부
- 연간 해외 주식의 매매 차익으로 소득이 2천만 원을 초과하더라도, 다른 금융소득과 합산되어 종합과세되지 않음(해외 주식 매매 차익은 금융소득 종합과세 대상이 아님)

펀드와 ETF의 세금

손실이 난 펀드에 세금을 내라고 하면 어떨까요? 해외 주식형 펀드에 투자했는데, 주가가 폭락해 원금까지 손해를 보았지만 해당 국가 환율의 변동으로 이익이 발생했다면, 세금을 내야 합니다. 이러한 사실을 모르고 있었다면 투자자는 당혹스러울 수밖에 없겠죠? 펀드는 다양한 금융상품의 조합이고, 환율의 영향을 받을 수 있기 때문에 펀드의 세금을 정확히 이해하는 게 쉽지 않습니다. 하지만 펀드 투자를 장기적으로 계획한다면, 주요 개념 몇 가지는 이해해야 합니다.

미국 주식에 직접 투자하지 않고 ETF를 통해 투자하더라도, SPY와 같은 해외 상장 ETF에 투자하는 경우와 국내에 상장된 ETF를 통해 투자하는 경우에 내야 하는 세금이 다릅니다. 어떻게 다르며, 어떻게 투자하는 것이 유리한지 살펴보겠습니다.

펀드는 언제 세금을 낼까?

펀드는 운용사가 투자자의 자금을 주식이나 채권 같은 다양한 자산에 투자하고, 그 성과를 투자자에게 배당하는 집합투자 상품입니다. 국내 주식이나 채권뿐만 아니라 해외 주식, 해외 채권, 원유, 금, 환율 등 다양한 기초 자산에 투자합니다.

펀드의 수익 원천에 따라 과세 방식도 다릅니다. 펀드 수익은 주식 매매 차익, 채권 매매 차익, 이자, 배당, 환차익 등으로 구성되며, 세법상 과세되는 소득과 과세되지 않는 소득으로 나누어집니다. 현재 세법에 따르면, 펀드 안에서 발생한 국내 주식 매매 차익과 국내 주식선물 매매 차익에 대해서는 세금이 부과되지 않지만, 그 외의 수익(해외 주식 매매 차익, 배당, 이자, 환차익 등)에는 과세가 적용됩니다. 따라서 투자자는 펀드의 수익 구조를 이해하고 세금 부담을 고려한 투자 전략을 세워야 합니다.

펀드 투자 시 발생하는 세금은 결산일 과세와 환매일 과세로 나누어집니다. 결산일 과세는 수익이 발생하면 미리 세금을 원천징수한 후 재투자하고, 환매일 과세는 결산 이후 추가 수익에 대해서만 과세합니다. 환매할 때 낸 세금은 환급되지 않으며, 환매 방식에 따라 전체 기간 수익에 과세될 수도 있다는 점을 유의해야 합니다.

펀드 투자 시 발생하는 세금

결산일 과세	• 펀드는 일정 주기(보통 1년)마다 결산을 진행하며, 이때 발생한 수익금을 재투자 • 결산 시점에서 수익이 발생하면, 미리 세금을 원천징수한 후 재투자 • 투자자는 실제로 현금을 받지 않았지만, 미리 세금을 납부하는 구조
환매일 과세	• 투자자가 펀드를 환매(매도)할 때, 결산 이후 발생한 추가 수익에 대해서만 과세 • 배당소득이 결산 시점과 환매 시점으로 분산 과세되는 효과 • 일부 펀드는 환매 시점에 전체 투자 기간의 수익에 세금을 부과하는 방식

※ 환매란 투자자가 보유한 펀드를 운용사에 다시 팔고 투자금을 회수하는 것을 의미합니다. 일반적으로 펀드는 즉시 매매가 불가능하며, 환매 신청 후 일정 기간(1~3일 등)이 지난 후 자금이 지급됩니다. 환매 시점에서 투자 성과에 따라 환매 차익에 대한 과세가 결정됩니다.

ETF도 펀드의 일종

ETF(Exchange Traded Fund)는 시장에 상장되어 거래되는 펀드로 주식처럼 실시간으로 매매가 가능한 상품입니다. 대부분의 ETF는 특정 지수를 따르도록 구성된 펀드라서 상장지수펀드라고 불리기도 하지만, 정확히 말하면 상장되어 거래되는 모든 펀드 형태를 ETF라고 부릅니다.

ETF는 펀드의 장점(분산 투자, 안정성)과 주식의 장점(실시간 거래, 유동성)을 결합해 시장 대응이 탄력적인 투자상품입니다.

ETF의 특징

주식처럼 거래 가능	일반 펀드와 달리 증권거래소에서 실시간으로 매매
지수를 따라가는 펀드	KOSPI 200, S&P 500 같은 주가지수를 추종하는 인덱스펀드 형태
분산 투자 효과	여러 종목에 한 번에 투자하는 효과가 있어 개별 주식 투자보다 위험 분산
낮은 수수료	증권거래소에서 거래하므로 일반 펀드보다 운용 보수(수수료)가 저렴

ETF에 투자하기 전에 고려할 것

단순히 ETF 이름이나 수익률만 보고 투자하기보다는 어떤 기초 자산이 포함되어 있는지, 롤오버 비용이 발생하는지, 괴리율이 큰지 등을 면밀하게 검토해야 합니다. 제대로 이해하고 투자한다면 ETF는 훌륭한 분산 투자 도구가 될 수 있습니다.

ETF의 구성 확인하기

ETF는 여러 자산을 묶어 둔 상품이므로, 어떤 종목이 포함되어 있는지 반드시 확인해야 합니다. 다양한 기초자산에 분산 투자할 수 있다는 장점이 있지만, 반대로 잘 모르는 기초자산에 투자하게 될 위험도 존재합니다. 선물(파생상품)을 담은 ETF나 ETN(상장지수채권)이라면 선물을 만기 전에 새로운 계약으로 교체하는 롤오버 비용이 발생할 수 있어 장기적으로 수익률을 갉아먹는 요인이 됩니다. 또 원유 선물 ETF의 마이너스 가격, 마이너스 금리 상황 등은 과거에 경험해 보지 못한 시장 리스크를 초래할 수 있습니다. 따라서 ETF에 투자하기 전에 ETF가 추종하는 기초자산과 운용 방식을 반드시 확인해야 합니다.

괴리율 체크하기

괴리율(Gap Rate)은 ETF의 시장 가격과 실제 순자산가치(NAV, Net Asset Value) 간의 차이를 의미합니다. ETF는 기본적으로 펀드가 보유한 자산(기초 자산)의 가치를 따라가야 하지만, 때때로 수급에 의해 시장 가격이 실제 가치보다 높거나 낮게 형성될 수 있습니다. 괴리율이 높은 ETF는 실제 가치보다 비싸게 거래될 위험이 있고, 괴리율이 낮은 ETF는 시장에서 저평가된 상태일 수 있으나, 유동성이 부족할 수도 있습니다. 특히 해외 자산을 추종하는 ETF나 변동성이 큰 상품일수록 괴리율이 크게 발생할 수 있으므로, ETF의 NAV와 시장 가격을 비교하여 괴리율이 지나치게 높지 않은지 확인하는 것이 중요합니다.

국내상장 ETF의 세금: 내용물이 다르면 과세도 다르다!

국내 상장 해외 주식 ETF는 배당소득세로 과세되며, 금융소득 종합과세 대상이 되고, 공제 혜택이 없습니다. 반면 해외 직접 투자 시에는 양도소득세가 적용되지만, 금융소득 종합과세 대상이 아니며, 250만 원까지 비과세 혜택이 주어집니다. 투자 방식을 선택할 때는 이러한 과세 차이를 고려하는 것이 중요합니다.

국내에 상장한 국내 주식형 ETF의 세금

국내 주식으로 구성된 ETF에서 주식 매매 차익으로 얻은 이익은 과세되지 않습니다. ETF 보유 중에 받은 주식 배당금에는 배당소득세 14%와 지방소득세 1.4%가 부과됩니다.

⊘ ETF 분배금

보유하고 있는 주식에서 받은 배당금이나 운용 이익 등을 자산운용사가 ETF 투자자에게 나눠 주는 금액으로, ETF의 분배금은 모두 배당소득으로 보고 배당소득세 14%와 지방소득세 1.4%를 원천징수한 후 ETF 보유자에게 지급됩니다. 이 분배금은 금융소득 종합과세 대상 금융소득입니다.

국내에 상장한 해외 주식형 ETF

국내에 상장한 해외 주식형 ETF는 매매 차익과 분배금(배당) 모두 14%의 배당소득세와 1.4%의 지방소득세가 과세됩니다.

국내 상장 ETF와 해외 상장 ETF의 과세 차이

미국 시장에 상장된 주식형 ETF에 직접 투자하여 얻은 차익에는 양도소득세가 부과됩니다. 그러나 같은 S&P 500 지수에 투자하더라도 국내 상장 해외 주식 ETF로 투자하면 배당소득세가 부과됩니다. 이 두 방식의 가장 큰 차이점은 금융소득 종합과세 여부입니다.

국내 상장 해외 주식 ETF

ex) Tiger 미국 S&P 500(360750)

- 금융소득 종합과세 대상 → 연간 금융소득이 2천만 원을 초과하면 최대 49.5%까지 세율 증가 가능
- 공제 금액 없음 → 발생한 소득 전체에 과세
- 기본 세율: 15.4%(소득세 + 지방소득세)
- ISA 계좌 활용 가능: ISA에 ETF를 편입하면 일정 기간에 발생한 수익은 세금 면제

미국 시장에 상장된 주식형 ETF

ex) SPDR S&P 500 Trust ETF(SPY)

- 금융소득 종합과세 비대상 → 소득이 많아져도 최대 세율은 22%로 고정
- 공제금액 250만 원 → 연간 250만 원까지는 비과세
- 기본 세율: 22%

채권 투자와 세금

채권에 투자한다는 것은 곧 회사나 국가에 돈을 빌려주는 것과 같습니다. 돈을 빌려주면 이에 대한 대가로 이자를 받게 되며, 이러한 이자소득은 예금 이자와 마찬가지로 과세 대상입니다.

그러나 채권을 통해 수익을 얻는 방식은 단순히 만기까지 보유하면서 이자를 받는 것만이 아닙니다. 오히려 채권을 저렴하게 매수한 후 가격이 올랐을 때 매도해 차익을 얻는 방식이 일반적입니다. 채권의 매매 차익은 기본적으로 비과세이지만, 간접 투자를 하는 경우에는 과세 방식이 달라집니다. 따라서 채권 투자를 할 때는 자신의 투자 목적과 전략에 따라 적합한 투자 방식을 선택해야 합니다.

채권 용어 이해하기

액면가(Face Value, Par Value)

채권 만기 시에 투자자에게 지급하는 원금(Principal)

발행가(Issue Price)

채권이 처음 발행될 때 투자자에게 판매되는 가격. 시장 상황에 따라 액면가보다 높거나 낮을 수 있습니다.

표면금리(Coupon Rate, Nominal Rate)

채권의 액면가 대비 연간 지급되는 이자의 비율. 쿠폰금리라고도 합니다.

만기(Maturity Date)

채권의 원금이 상환되는 날짜. 발행일이 3년 전이고 만기까지 총 10년이 걸리는 채권을 지금 매수한다면, 이 채권의 경과 기간은 3년, 잔존만기는 7년입니다.

시장금리(Market Interest Rate)

경제 상황, 중앙은행 정책 등에 따라 변동하는 금리. 채권 가격은 시장금리에 영향을 받으며, 금리가 상승하면 기존 채권 가격은 하락하고, 반대로 금리가 하락하면 채권 가격은 상승합니다. 예를 들어, 현재 시장 금리가 3%인데 5%씩 이자를 주는 채권이 있다면, 이 채권의 인기는 높아지고 가격이 오릅니다. 반면 시장 금리가 6%로 상승하면 5%짜리 채권은 매력이 떨어지기 때문에 가격이 하락합니다.

채권 가격(Bond Price)

수요와 공급에 따라 변동

현재 수익률(Current Yield)

채권 가격 대비 지급되는 이자의 비율. 표면금리 5%, 액면가 100만 원인 채권이 시장에서 95만 원에 거래된다면, 현재 수익률은 (5만 원 ÷ 95만 원) × 100 = 5.26%입니다.

채권을 만기까지 보유할 경우 예상되는 연평균 수익률. 이자뿐만 아니라, 매매 차익(손실)까지 고려한 종합적인 수익률 개념. 액면가 100만 원인 채권을 90만 원에 매입하고 만기까지 보유하면 이자(5만 원)뿐만 아니라 원금 차익(10만 원)도 함께 고려하여 만기 수익률을 계산해야 합니다.

듀레이션(Duration)

채권 가격이 금리 변화에 얼마나 민감하게 반응하는지를 나타내는 지표. 일반적으로 만기가 길고, 쿠폰금리가 낮을수록 듀레이션이 커지며, 이는 금리 변화에 따른 가격 변동성이 크다는 뜻입니다.

신용 등급(Credit Rating)

채권 발행자가 원금과 이자를 상환할 능력이 있는지를 평가한 지표. 국제적으로는 스탠더드 앤드 푸어스(S&P), 무디스(Moody's), 피치(Fitch) 등에서 평가하며, 국내에서는 NICE신용평가, 한국기업평가 등이 신용 등급을 제공합니다.

※ 투자 등급(Investment Grade): 신용도가 높아 안정적(예: AAA, AA, A, BBB)
투기 등급(High-Yield, Junk Bond): 신용도가 낮아 위험하지만, 수익률이 높음(예: BB, B, CCC 이하)

채권의 종류

채권의 이자 지급 방식에 따른 분류

채권은 이자 지급 방식에 따라 여러 종류로 나뉩니다. 이표채는 정기적으로 이자를 지급하고, 할인채는 이자 없이 액면가보다 낮게 발행됩니다. 복리채는 발생한 이자에도 이자가 붙고, 변동금리채는 시장 금리에 따라 이율이 변동합니다. 투자 목적과 시장 상황에 맞춰 적절한 채권을 선택하는 것이 중요합니다.

발행 주체에 따른 차이

채권은 누가 발행하느냐에 따라 국채(Treasury Bond)와 회사채(Corporate Bond)로 나뉩니다. 국채는 정부가 발행하는 채권으로, 신용 위험이 거의 없어 안전한 투자처로 여겨집니다. 대신 금리가 낮습니다. 반면 회사채는 기업이 발행하는 채권으로, 기업의 신용 등급에 따라 금리가 달라집니다. 신용 등급이 낮은 기업일수록 원금을 떼일 위험이 크기 때문에 더 높은 금리를 제공해야 합니다.

채권 금리는 국가 경제와 밀접한 관계가 있어서 미국 국채(UST)와 한국 국채의 수익률을 비교하면 각국의 경제 상황을 가늠할 수 있습니다. 현재 미국과 한국의 국채 수익률은 다음 사이트에서 실시간으로 확인할 수 있습니다.

국채 수익률을 확인할 수 있는 곳

미국 국채 U.S. Treasury https://home.treasury.gov/

한국 국채 한국은행 경제통계시스템(ECOS) https://ecos.bok.or.kr/

글로벌 채권 Investing.com

채권 투자 방법에 따른 세금 차이

채권 투자를 통한 이익은 이자소득과 매매 차익(자본 차익)으로 나눌 수 있습니다. 채권 투자 방법은 크게 직접 투자와 간접 투자로 나뉘며, 이자소득의 과세 방식은 동일합니다. 그러나 매매 차익의 과세 방식은 직접 투자한 경우와 간접 투자한 경우가 다르기 때문에 주의해야 합니다.

채권을 직접 매입하는 방법(직접 투자)은 증권사를 통해 장외채권 시장에서 개별 채권을 사는 것입니다. 국채, 회사채, 지방채 등 다양한 채권을 선택할 수 있으며, 만기까지 보유하면 정해진 이자와 원금을 받을 수 있습니다. 수익률을 예측 가능하며, 금리 변동을 활용해 만기 전에 매도하여 매매 차익을 얻을 수도 있습니다. 하지만 최소 투자금이 크고, 만기까지 보유해야 확정된 수익을 얻을 수 있습니다.

채권을 직접 매입하는 것이 부담스럽다면, 채권형 펀드나 채권 ETF를 통해 간접적으로 투자할 수도 있습니다. 소액으로 투자할 수 있고 유동성이 좋지만, 펀드 수수료가 있으며 시장 변동에 영향을 받을 수 있습니다.

채권과 세금

    채권 투자로 얻은 수익에도 세금이 부과됩니다. 세금 구조를 제대로 이해하지 않으면 예상보다 낮은 실질 수익률을 얻을 수 있습니다. 채권 투자 소득세 과세 원칙은 다음과 같이 투자 방식에 따라 달라집니다.

구분	과세 대상	직접 투자 세금	간접 투자 세금
이자소득	쿠폰이자, 할인채 차익	이자소득세 15.4%	이자소득세 15.4%
매매 차익	매도가액 − 매수가액 − 수수료	비과세	**국내 펀드, ETF** 배당소득세 15.4% **해외 상장 채권형** ETF 양도소득세 22%

    직접 투자는 채권에서 나오는 이자에 대해 15.4% 세금이 부과되며, 매매 차익은 비과세입니다. 반면 국내 채권형 펀드나 국내 상장 ETF를 통해 채권에 간접 투자한다면 이자는 물론이고, 매매 차익에 대해서도 배당소득세(15.4%)를 부과합니다. 해외 시장에 상장된 채권형 ETF는 매매 차익에 22%의 양도소득세(지방소득세 2% 포함)를 과세합니다.

민이 아빠를 위한 채권 투자 실전 세무 코칭

실전 1 <u></u> **5% 금리 채권에 투자하면 5% 이익을 얻을 수 있나요?**

채권의 실제 수익률은 금리뿐만 아니라 매수 가격, 보유 기간, 시장 금리에 따라 달라집니다. 민이 아빠가 연 1% 이자를 주는 국채에 100만 원을 투자한다고 가정하면, 시장 금리가 3%일 때 이 채권은 100만 원보다 낮은 가격에 거래될 겁니다. 시장에서 3% 이자를 주는 채권이 있는데 1%짜리를 100만 원에 사려는 사람은 없겠죠? 그래서 더 낮은 가격에 사야 이자 수익과 함께 만기 시 차익도 얻을 수 있습니다.

즉 채권 투자 수익률은 싸게 산 만큼의 매매 차익과 이자 소득을 합쳐 계산해야 합니다. 단순히 명목 금리만 보고 수익을 판단하면 실제 기대 수익률과 차이가 날 수 있습니다.

실전 2 <u></u> **채권을 사고팔 때 채권의 '적정 가격'을 말하기보다, 채권의 수익률이 얼마라고 이야기하는 이유는 무엇 인가요?**

크게 세 가지 이유를 생각해 볼 수 있습니다. 첫째, 채권의 가격은 변동성이 큽니다. 시장 금리와 채권의 조건(이자율, 만기 등)에 따라 매 순간 변하기 때문입니다. 같은 채권이라도 누군가는 95만 원에 사고, 다른 누군가는 94만 원에 살 수 있습니다. 즉 시장에서 거래되는 가격 자체는 유동적이므로 '적정 가격'이란 개념이 애매할 수 있습니다.

둘째, 투자자는 가격보다 수익률에 관심이 많습니다. 채권 투자자는 "이 채권을 사면 연 얼마의 수익을 기대할 수 있을까?"를 궁금해합니다. 따라서 채권을 가격으로 이야기하는 것보다 "이 채권의 수익률이 3%입니다."라고 말하는 것이 더 실질적인 정보가 됩니다. 이때의 수익률은 액면 이자와 매매 차익을 모두 반영한 만기 수익률을 의미합니다. 채권 가격은 개별 거래에 따라 다를 수 있지만, 같은 수익률을 기준으로 채권을 비교하는 것이 더 직관적입니다.

셋째, 채권 수량이 달라져도 수익률은 변하지 않기 때문입니다. 수익률(채권의 내재적 금리)은 채권 수량과 무관하게 동일한 기준으로 사용할 수 있습니다.

이런 이유로 채권 시장에서는 수익률이 가격을 대표하는 숫자처럼 사용됩니다. 이 개념을 이해하면, 채권의 가격 변동이 수익률과 반대로 움직이는 원리도 자연스럽게 이해할 수 있습니다.

금융소득과 건강보험료
: 간과하기 쉬운 추가 비용

많은 투자자가 간과하는 부분이 바로 금융소득 증가에 따른 건강보험료 상승입니다. 특히 전업주부라면 금융소득이 증가하면서 건강보험료를 따로 내야 하는 일도 생깁니다. 투자를 계획할 때 이런 부가 비용도 함께 고려해야 합니다. 직장인도 일정 금액 이상의 금융소득은 건강보험료에 영향을 줍니다.

건강보험료는 어떻게 결정될까?

건강보험료는 직장가입자와 지역가입자에게 각각 다르게 부과됩니다. 직장가입자는 회사에서 월급을 기준으로 건강보험료를 계산하고 절반은 회사가, 나머지 절반은 근로자가 부담합니다. 하지만 금융소득이 일정 기준을 넘어서면 추가 보험료(소득월액 보험료)가 부과될 수 있습니다.

근로소득이 없다면 금융소득, 사업소득, 재산 등을 기준으로 건강보험료를 계산합니다. 여기에 해당하면 지역가입자라고 합니다. 지역가입자는 금융소득이 1천만 원을 초과하면 보험료 부과 대상이 됩니다.

즉 직장가입자라도 금융소득이 많으면 건강보험료가 추가로 부과될 수 있으며, 지역가입자는 금융소득이 일정 기준을 넘으면 자동으로 보험료가 증가합니다.

직장인, 금융소득이 많으면 건강보험료를 추가 납부해야 할까?

예전에는 금융소득이 연 3,400만 원을 초과해야 직장가입자의 건강보험료가 추가로 부과되었습니다. 그런데 2022년 9월 건강보험 개편안이 적용되면서 기준이 3,400만 원에서 2천만 원으로 변경되었습니다.

이렇게 변경된 이유는 고소득자의 건강보험료 부담 형평성을 높이기 위해서입니다. 금융소득이 있는 직장가입자가 일정 수준 이상의 이자소득 및 배당소득을 얻으면, 직장에서 원천징수되는 건강보험료 외에도 추가로 부담해야 하는 구조로 바뀐 것입니다.

건강보험료 추가 부과 기준

이자소득	예금, 채권, 저축성 보험 등에서 발생하는 이자
배당소득	주식 배당금, 펀드 분배금
사업소득	개인사업자로 인한 소득(필요경비 제외 금액이 포함됨)
근로소득 외 기타소득	임대소득, 연금소득 등이 포함될 수 있음

건강보험료를 피하는 금융 투자

비과세 금융상품 활용

ISA에서 발생한 금융소득은 비과세 또는 분리과세로 종합소득과세 대상이 아니기 때문에 건강보험료 산정에도 포함되지 않습니다. 10년 이상의 장기 보험상품을 활용할 수도 있습니다. 일정 요건 충족 시 이자, 배당에 대해서 과세하지 않는

⊘ 금융소득이 2천만 원이 넘으면 금융소득 종합과세자가 되어 5월에 종합소득세를 신고해야 합니다. 건강보험공단은 국세청 소득 자료를 바탕으로 건강보험료를 산정하기 때문에 2024년 금융소득을 보험료에 반영하는 시점은 2025년 11월이 됩니다. 올라간 보험료는 11월부터 다음 해 11월까지 1년간 별도로 납부해야 합니다. 직장 월급에 따른 건강보험료는 회사에서 50%를 부담해 주는 제도가 있지만, 이처럼 추가 고지되는 건강보험료는 전액 자기 부담입니다. 만약 근로자가 다른 소득이 없고, 금융소득만 2,100만 원이라면 건강보험료는 얼마나 추가될까요? 2천만 원을 초과하는 100만 원에 대해 추가 보험료가 고지됩니다. 2023년 말을 기준으로 별도로 납부해야 할 건강보험료(장기요양보험료 별도)는 월 6천 원, 연간 7만 원 정도입니다.

직장인이 아니라 은퇴한 지역가입자는 금융소득이 1천만 원을 초과하는 순간부터 건강보험료가 올라갈 수 있습니다.

상품(월납 150만 원 이내, 일시납 1억 원 이내)을 활용하는 것입니다. 또 65세 이상, 장애인, 기초생활수급자 등 특정 요건을 만족하면 비과세 종합저축(5천만 원 이내)에 가입할 수 있습니다.

투자 방식 변경

이자, 배당소득보다는 매매 차익 위주로 투자 방식을 변경하면 건강보험료 부담을 줄일 수 있습니다. 국내 주식 및 주식형 펀드 매매 차익은 건강보험료에 반영되지 않습니다. 또 액면이자(쿠폰이자)가 낮은 채권에서 얻은 매매 차익은 비과세이기 때문에 건강보험료에 반영되지 않습니다. 해외 주식에 직접 투자해서 발생하는 매매 차익에 대한 양도소득금액은 건강보험료에 반영되지 않습니다.

소득 분산하기

예금 및 채권의 이자소득이 한 해에 몰리지 않도록 분산해 수익을 실현하는 것이 유리합니다. 만기에 한꺼번에 이자가 나오는 상품보다 매년 일정 금액을 수익으로 받는 금융상품을 활용하는 것이 좋습니다.

건강보험 피부양자 자격, 금융소득이 많으면 탈락할까?

건강보험 피부양자는 소득이 없거나 적어 직장가입자에게 생계를 의존하는 사람을 말합니다. 피부양자로 등록되면 별도의 건강보험료를 납부하지 않고도 건강보험 혜택을 받을 수 있습니다. 하지만 소득이나 재산이 일정 기준을 초과하면 피부양자 자격을 유지할 수 없고, 지역가입자로 전환되면서 건강보험료를 납부해야 합니다.

최근 금리 상승으로 금융소득이 증가하면서, 그동안 피부양자 자격을 유지하던 사람이 자격을 상실하는 사례가 늘어나고 있습니다. 특히 고금리 예·적금, 채권, 배당소득 등이 많아지면서 예기치 않게 건강보험료 부담이 커지는 경우가 많습니다. 그렇다면 피부양자 자격을 유지하려면 어떤 기준을

피부양자 탈락 소득 요건

- 연간 합산소득이 2천만 원 초과
- 사업자등록증이 있고 사업소득이 1원이라도 있는 경우(사업자등록이 없더라도 사업소득이 500만 원을 초과하면 탈락)
- 금융소득(이자·배당소득)이 1천만 원을 초과하면 전액 소득으로 반영
- 금융소득(1천만 원 초과)과 공적 연금소득의 합이 2천만 원 초과

피부양자 탈락 재산 기준

- 재산세 과세표준 합계액이 9억 원을 초과하는 경우
- 재산세 과세표준이 5억 4천만 원을 초과하고 연 소득이 1천만 원을 넘으면 탈락

확인해야 할까요?

소득과 재산 요건을 동시에 충족해야 하며, 둘 중 하나라도 초과하면 피부양자에서 탈락합니다. 금융소득이 1천만 원이 넘는다면 탈락 가능성이 커집니다. 금융소득이 1천만 원을 넘으면서 재산세 과세표준이 5억 4천만 원을 초과하거나, 금융소득과 공적 연금소득을 합산했을 때 2천만 원이 넘으면 피부양자 자격이 박탈될 수 있습니다.

재산세 과세표준은 실거래가보다 낮게 평가되며, 매년 7월과 9월에 발송되는 주택분 재산세 고지서에서 확인할 수 있으니 미리 확인해 두는 것이 좋습니다.

제4장
연금과 세금

노후 생활의 안전망

연금을 수령할 때도 세금을 낸다?

연금 삼총사, 캐릭터 분석

BOARDING PASS

많은 사람이 연금을 '노후 월급'처럼 기대합니다. 그동안 열심히 일한 대가이자 스스로 쌓아 온 결과물, 마음 편히 노후를 보내게 해 줄 생활비 말입니다. 그런데 연금도 결국 '소득'입니다. 월급처럼 받는 돈이라면, 월급처럼 세금을 내는 것도 자연스러운 일입니다. 하지만 그런 생각을 하지 않고 "내가 낸 돈인데 왜 또 세금을 떼지?"라는 의문이 들 수도 있습니다. 납입할 때 세액공제나 소득공제의 혜택을 받은 연금은 받을 때 연금소득세를 내야 합니다. 반면 혜택을 받지 않고 납입한 연금이라면 세금을 피할 수 있습니다.

이제부터 연금 삼총사, 즉 국민연금, 퇴직연금, 개인연금을 알아보겠습니다. 이 세 가지 연금은 은퇴 후 어떻게 세금과 얽혀 있는지, 어떤 구조로 얼마를 내게 되는지 살펴볼까요?

국민연금
: 든든한 맏형, 받을 땐 세금 확인 필수!

국민연금은 국가가 책임진다는 든든함 때문에 많은 사람이 가장 먼저 떠올리는 연금입니다. 젊을 때 소득 일부를 꼬박꼬박 납부해 두면, 일정 연령 이후에 매달 연금으로 돌려받는 구조입니다.

그런데 여기서 놓치기 쉬운 점이 하나 있습니다. 국민연금도 결국 '소득'이기 때문에, 나중에 받는 시점에 연금소득세를 납부해야 합니다. 국민연금이 노후 생활의 안전망 역할을 하는 건 분명하지만, 기금 고갈 우려가 있다, 보험료율이 계속오를 것 같다 등의 소식이 들릴 때마다 낸 만큼 받을 수 있을지 의심이 들 수밖에 없습니다. 게다가 연금소득세까지 부과된다고 하면, 세금을 또 걷는다는 불만도 자연스럽게 나올 수있습니다.

하지만 국민연금은 정부가 제도적으로 운영하는 연금인 만큼 기본적인 노후 대비 역할을 할 수 있을 겁니다. 다만 실제로 받게 될 금액이 생각보다 적을 수도 있고, 수급 시기가 늦춰질 수도 있음을 염두에 둬야 합니다.

하루라도 빨리 가입하면 득이라는 단순한 접근이 아니라, '앞으로 제도가 어떻게 바뀔지, 실제 수령액이 얼마나 될지'를 늘 예의 주시하는 자세가 필요합니다. 세금이든 정책 변경이든, 예상치 못한 변수가 생기면 그만큼 내 노후 계획이 흔들릴 수 있다는 것에 유념해야 합니다.

국민연금을 수령할 때 세금을 내는 이유

국민연금을 수령할 때 세금이 붙는 이유는 납입할 때 받은 소득공제 혜택 때문입니다. 2002년 1월 1일 이후 납부한 보험료에 대해 세금을 깎아 준 만큼, 나중에 정산하겠다는 것입니다. 그러면 우리가 받을 연금 중에서 어느 부분이 과세 대상일까요? 전체 가입 기간 중 2002년 이후 납부한 보험료 비율을 따져서, 그 비율만큼의 연금이 과세 대상입니다.

연금 수령액이 1,800만 원이고, 2002년 이후 납부한 비율이 50%라면 세금이 얼마나 나올까요?

☑ 총 연금 수령액이 1,800만 원
☑ 2002년 이후 납부한 보험료 비율이 50%
☑ 과세 대상 연금액=1,800만 원 × 50% = 900만 원

과세 대상 금액에 연금소득공제 적용

구간	공제율	계산법
350만 원 이하	전액 공제	350만 원
350~700만 원	초과분의 40% 공제	350만 원＋(350만 원 초과분 × 40%)
700만원 초과	초과분의 20% 공제	490만 원＋(700만 원 초과분 × 20%)
1,400만 원 초과	초과분의 10% 공제	630만 원＋(1400만 원 초과분 × 10%)

※ 900만 원 한도

적용하기 연금소득공제 ＝ 530만 원
최종 과세표준 ＝ 900만 원 － 530만 원 － 본인공제 등 종합소득공제
＝ 220만 원 이하

연금소득에 대한 세금은 부양가족에 따라서 달라지지만, 누구나 본인공제 150만 원은 받을 수 있고, 산출세액에서 7만 원을 공제해 주기 때문에(표준세액공제) 과세 대상 연금액이 연 760만 원 이하라면 세금 부담이 없습니다. 하지만 이를 초과하면 일정 금액의 소득세가 차감된 후 연금을 수령하게 된다는 점을 기억하세요.

과세 대상 연금소득이 연 760만 원 이하 → 세금 없음

앞으로 더 많이 낸다고?

정부가 국민연금의 보험료율을 현재 9%에서 13%로 올리는 방안을 검토 중이라고 합니다. 최근 정치권에서도 국민연금 개혁을 논의하는 과정에서, 보험료율이나 수급 연령 같은 '모수(母數)'를 조정하자는 쪽으로 의견이 모이고 있습니다.* 기금 운용 방식이나 연금 제도의 근간을 새로 짜는 근본적인 개혁이 워낙 어려운 과제이기 때문입니다.

그래서 보험료율 인상처럼 조정이 가능한 부분부터 손을

---

* 모수개혁(Parametric Reform)은 연금제도의 근본적인 구조는 그대로 유지하면서, 연금 운영에 적용되는 주요 수치(모수, parameter)를 조정하는 개혁 방식입니다. 예를 들어 OECD 국가들이 보험료율을 단계적으로 높이거나, 수급 연령을 늦추면서 연금 기금을 보전하려는 방식이 대표적입니다.

난 생 처 음 세 금 여 행

보자는 이야기가 나옵니다. 예컨대 기존 국민연금 보험료율이 9%(근로자 4.5%+사용자 4.5%)였다면, 이를 13%(근로자 6.5%+사용자 6.5%)로 높이는 방안이 검토되는 식입니다. 월 소득이 500만 원인 근로자를 기준으로 보면, 예전에는 매달 45만 원이 연금 보험료로 빠져나갔지만, 인상안이 적용되면 65만 원이 됩니다. 연간 약 240만 원을 추가로 부담하는 셈입니다.

물론 이런 조치만으로는 국민연금 문제가 완전히 해결될 수 없습니다. 근본적인 변화 없이 '보험료는 더 내고, 수급 시점을 늦추는' 방식으로는 기금 고갈 시점을 크게 늦추기 어렵다는 우려도 제기되고 있습니다. 그런데도 먼저 모수개혁을 추진하려는 이유는 상대적으로 합의에 이르기가 수월하고, 당장 시급한 재정 문제부터 어느 정도 완화할 수 있다는 판단이 작용하는 것으로 보입니다.

국민연금은 보험료율이 올라가면 나중에 받을 연금도 늘어나는 구조입니다. 국민연금 보험료는 기준소득월액이라는 개념을 토대로 계산합니다. 매년 정부가 정하는 소득 구간의 최소~최대 범위에 해당하는 금액을 기준으로 보험료를 매기는 방식입니다. 2025년 기준으로 하한액이 40만 원, 상한액이 637만 원이라면, 실제 월급이 700만 원 이상이라 해도 637만 원을 초과하는 부분에는 보험료를 매기지 않습니다. 또 매년 물가나 소득 수준이 오르면 기준소득월액도 재조정됩니다. 기준이 올라가면 보험료 부담은 늘어나지만, 나중에 받는 연금도 커질 수 있으니, 장기적인 관점에서 보면 납부액이 늘어나면 수령액도 증가할 겁니다. 그런데 사람들은 왜 걱정할까요?

국민연금에 대한 대표적인 걱정으로는 우선 보험료율이 계속 오를 수 있다는 점이 꼽힙니다. 기금 고갈 문제가 해결되지 않은 채 시간만 흐르면, 당장 재정적 안정을 위해 보험료를 올릴 수밖에 없다는 전망이 있습니다. 또 연금을 실제로 받게 되는 나이가 더 늦춰질 가능성도 있습니다. 평균 수명이 늘어나면서 연금 수급 개시 시점을 늦추자는 논의가 이미 여러 차례 나왔습니다.

게다가 국민연금은 세금처럼 의무적으로 내야 하는 구조인데, 정작 나중에 돌아올 금액이 얼마나 될지는 미리 확신하기 어렵다는 점도 불안을 더합니다. 납부하는 동안 제도가 어떻게 바뀔지 예측하기 어려울뿐더러, 기금 운용 성과가 좋지 않으면 최종적으로 받는 연금이 예상보다 적을 수도 있습니다. 이렇게 여러 요인이 겹치다 보니 우려가 커지고 있습니다.

어떻게 대비해야 할까?

국민연금은 이론적으로 생애 평균 소득 대비 43%를 보존해 줄 수 있도록 설계되었습니다. 또 소득 재분배 기능이 있어 고소득자일수록 실질적인 소득 대체율은 낮아집니다. 이러한 구조를 이해하면 국민연금만으로는 은퇴 이후의 생활을 지속하기는 애당초 어렵다는 것은 쉽게 예측할 수 있습니다. 그러니 연금 감소 가능성까지 고려해서 나머지 소득을 보충하려면 다른 연금상품도 고려해야 합니다.

퇴직연금(IRP)과 개인연금(연금저축)은 국민연금과 더불어 노후의 현금 흐름을 지속시켜 줄 수 있는 대표적인 수단입니다. 이 두 상품에 일정액을 꾸준히 넣어 두면, 국민연금과 더불어 연금 생활비를 '다원화'할 수 있습니다. 정부도 이를 장려하는 차원에서 납입 시 세액공제 혜택을 주고 있습니다.

국민연금 하나만 바라보다가 예상치 못한 변수(보험료 인상, 수급 시점 지연 등)가 생기면 당황할 수 있으니, 개인연금과 퇴직연금을 함께 준비하는 게 훨씬 안전한 노후 설계 방법입니다.

 노후에는 자산의 규모보다 그 자산이 만들어 주는 현금 흐름의 구조가 훨씬 중요해집니다. 그래서 노후를 준비할 때는 연금을 통해 기본 생활비를 확보하고, 주식이나 부동산 같은 자산은 여유 자금으로 활용하는 것이 훨씬 더 마음 편한 노후를 보장해 줍니다.

퇴직연금
: 똑똑한 둘째, 퇴직금 관리 능력에 따라 세금이 달라진다!

퇴직연금은 재직 중에 쌓아 둔 퇴직금을 퇴사하면서 한꺼번에 받는 대신, 연금 형태로 받으면서 장기간 운용할 수 있도록 설계된 제도입니다. 일시금으로 받으면 퇴직소득세를 한 번에 내야 하지만, 퇴직연금계좌(IRP)로 옮겨 연금으로 나눠 받으면 최대 30%에서 40%까지(수령 연차에 따라 다름) 세금을 감면받을 수 있어요. 즉 일정 기간에 걸쳐 분할 수령하면 세금 혜택을 더 크게 받을 수 있다는 것이 핵심입니다. 이렇게 연금 방식은 당장 큰돈을 받을 수는 없지만, 세금 부담을 줄이는 이점이 있습니다.

그렇지만 무조건 연금 수령이 정답은 아닙니다. 세금은 줄어들지만, 자금의 유동성이 떨어진다는 단점도 있기 때문입니다. 당장 집을 사거나 창업, 대출 상환 등 목돈이 필요한 시점이라면 일시금이 더 낫다고 판단할 수 있습니다. 근속 연수가 길거나 퇴직금이 많지 않아 퇴직소득세 부담이 크지 않은 경우라면, 군이 연금으로 묶어 둘 이유도 없습니다.

따라서 퇴직금을 수령하기 전에 본인의 재무 상황과 앞으로의 계획을 충분히 고려해 일시금으로 받을지, 연금으로 수령할지 결정해야 합니다.

퇴직금을 연금으로 받으면 좋은 점

퇴직소득세의 할인과 분리과세

퇴직금을 연금으로 20년 이상 수령하면 정부가 퇴직소득세를 50% 감면해 준다는 말이 있습니다. 하지만 이 혜택이 모든 사람에게 유리한 것은 아니며, 퇴직금을 수령하는 방식과 개인의 재정 상황에 따라 절세 효과가 달라질 수 있습니다.

퇴직금은 크게 두 가지로 나뉩니다. 첫째는 퇴직 당시 받은 원금이고, 둘째는 이를 운용해 발생한 운용수익입니다. 퇴직금을 연금으로 받는 경우, 보통 원금부터 먼저 사용하고 이후 운용수익을 인출하게 됩니다. 중요한 점은 원금에는 할인된 퇴직소득세가 적용되며, 운용수익에는 연금소득세가 부과된다는 것입니다.

정부의 세제 혜택은 퇴직소득세를 할인해 주는 것이므로, 원금을 사용하는 동안에는 혜택을 받을 수 있습니다. 하지만 20년 이상 연금을 받다 보면 원금은 소진되고, 운용수익이 연금의 재원으로 사용될 수 있습니다. 이때는 퇴직소득세 할인 혜택을 받을 수 없게 됩니다.

결론적으로, 퇴직금 규모가 크면 20년 이상 연금을 받아도 원금이 남아 있어 세제 혜택을 오래 누릴 가능성이 있습니다. 하지만 일반적으로 원금이 빠르게 소진되기 때문에 세제 혜

난생처음 세금 여행

택이 제한적일 수 있습니다. 따라서 연금을 오래 받으면 무조건 유리하다는 판단은 성급할 수 있으며, 내 재정 상황과 퇴직금 규모를 고려해 신중히 결정해야 합니다.

퇴직금을 연금으로 받을 때의 실효성은 개인마다 다르므로, 단순히 세율 감면만 보고 판단하기보다는 전체적인 재정 계획과 노후 자산 운용 전략을 함께 고민하는 것이 바람직합니다.

연금 재원별 출금 순서

세액공제 받지 않은 금액   비과세

퇴직급여   퇴직소득세율의 70%(11년 차부터 60%)

세액공제받은 금액, 운용수익   **55세 이상 70세 미만** 5.5%
70세 이상 80세 미만 4.4%
80세 이상 3.3%

 세제 혜택을 활용하기 위해 수령 방식을 고민하는 것도 중요하지만, 본질적으로는 퇴직금을 노후 자금으로 온전히 쓰기 위한 준비를 먼저 해야 합니다. 퇴사할 때마다 받은 퇴직금을 IRP 계좌에 모아 두고, 해지하지 않은 채 유지하는 습관이 필요합니다. 절세 전략은 기본을 지킬 때 자연스럽게 따라오는 보상이라는 점을 기억하세요.

퇴직금을 연금 수령할 때 절세 전략

퇴직금을 연금으로 수령할 때, 세제 혜택을 극대화하려면 수령 시점과 금액, 연금 수령 연차를 전략적으로 활용해야 합니다. 연금 수령 연차는 연금을 수령한 해를 기준으로 누적된 연차를 말하며, 이 연차가 높아질수록 퇴직소득세 감면율이 커집니다.

10년 차까지 **퇴직소득세의 30% 감면**

11년 차부터 **퇴직소득세의 40% 감면**

따라서 처음 10년 동안은 최소 금액만 인출하고, 11년 차부터 본격적으로 필요한 금액을 수령하면 절세 효과를 극대화할 수 있습니다.

또 2013년 3월 1일 이전에 퇴직연금 제도를 도입한 사업장에서 근무한다면, 연금 수령 연차가 일반적인 경우보다 유리하게 계산됩니다. 일반적으로는 퇴사 후 첫해를 1년 차로 계산하지만, 2013년 3월 1일 이전 가입자는 퇴사 직후부터 6년 차로 시작하기 때문입니다. 그래서 퇴사 후 바로 연금을 수령하더라도 11년 차(40% 감면율 적용)까지 도달하는 기간이 짧아지므로 더 빠르게 높은 감면 혜택을 누릴 수 있습니다.

난 생 처 음 세 금 여 행

퇴직금을 연금으로 수령할 때, 처음 10년 동안 최소 금액(예를 들어 연간 1만 원)만 인출하면, 소득세 부담도 최소화되고 계좌 내 자산이 계속 운용되면서 복리 효과를 누릴 수 있습니다. 11년 차부터는 본격적으로 필요한 금액을 인출하는데, 이 시점부터 퇴직소득세 감면율이 40%로 증가하므로 더 큰 절세 효과를 누릴 수 있습니다.

사례 퇴직금 5억 원을 IRP 계좌에 이체한 A 씨

A 씨가 다니던 회사는 2013년 3월 1일 이전에 퇴직연금 제도를 도입한 사업장이므로, A 씨의 연금 수령 연차는 퇴사 직후부터 6년 차로 시작됩니다. 처음 5년 동안은 매년 최소 금액인 1만 원만 출금하고, 이후 본격적으로 생활비를 인출합니다.

이렇게 하면 A 씨는 퇴사 후 불과 5년 만에 연금 수령 연차가 11년 차에 도달해 퇴직소득세 감면율 40%를 적용받습니다.

한 가지 주의해야 할 것은 퇴직금 원금을 모두 소진한 이후에는 운용수익이 연금소득으로 전환되며, 이에 대해 별도의 연금소득세가 부과된다는 겁니다. 따라서 장기적인 소득 계획을 세워야 합니다. 연간 연금소득이 1,500만 원 이하라면 낮은 세율(3~5%)의 분리과세 혜택을 받을 수 있으므로, 소득 수준을 조정하는 것도 중요합니다.

개인연금
: 직접 준비하는 노후 자금

　개인연금은 많은 사람이 노후 준비를 위해 가장 먼저 고려하는 금융상품입니다. 젊을 때부터 꾸준히 납입하면 은퇴 후 안정적인 수입원이 된다는 매력이 있습니다. 하지만 개인연금도 결국 소득으로 간주돼 연금소득세가 부과됩니다. 납입 단계에서 세액공제 혜택을 받았다면, 수령 시점에 그만큼 정산하는 개념이라고 생각하면 이해가 쉽습니다.

　2025년 기준으로 연금소득 분리과세 기준 금액은 연간 1,500만 원입니다. 이 금액 이하로 연금을 받으면 낮은 세율(3.3~5.5%)이 적용되지만, 초과하면 전체 금액에 대해 종합과세(최대 49.5%)나 분리과세(16.5%)를 선택해야 합니다.

　개인연금을 수령할 때는 연령별 세율 차이를 활용하는 게 좋습니다. 수령자 나이에 따라 세율이 달라지기 때문입니다.

연령별 세율 차이

확정 기간형 연금		종신형 연금
5.5%	70~79세	
4.4%	70~79세	4.4%
3.3%	80세 이상	3.3%

이처럼 나이가 많을수록 세율이 낮아지므로, 가능하다면 연금 수령 시기를 늦추는 것이 절세에 도움이 됩니다.

현명한 연금 수령 전략

연간 1,500만 원 이하로 수령하기

2025년부터 연간 연금소득이 1,500만 원 이하라면 저율의 연금소득세 적용! 이 금액을 초과하면 세금 부담이 커지므로, 1,500만 원 이하로 조정하는 것이 유리합니다.

부부 공동 전략 활용하기

소득세는 개인별로 책정되므로, 각자 연간 1,500만 원 이하로 받으면 두 사람 모두 저율과세 혜택을 누릴 수 있습니다.

수령 시기 조절하기

만 55세 이후에도 계속 소득이 발생하거나 경제적 여유가 있다면, 연금 수령 시기를 늦추는 것이 유리합니다.

개인연금 활용하기

개인연금은 적절히 활용하면 노후 생활의 든든한 버팀목이 될 수 있습니다. 다만 세 가지를 항상 염두에 두어야 합니다.

수익률 변동 가능성	투자 성과에 따라 예상보다 수령액이 줄어들 수 있습니다.
정책 변화	연금 개시 시점이나 관련 세법이 변경될 수 있습니다.
세금 부담	수령 시점의 세금을 미리 계산해 실제 손에 쥐게 될 금액을 예상해야 합니다.

금융 환경은 계속 변합니다. 개인연금에 가입했다고 해서 모든 준비가 끝난 것이 아니라, 꾸준히 정보를 업데이트하고 필요하다면 전문가의 조언을 구하는 것이 현명합니다.

'내 돈이라서 걱정 끝'이라는 생각보다는 '내 돈이니까 더 꼼꼼히 챙기자'라는 마음가짐으로 접근한다면, 개인연금은 더욱 든든한 노후 파트너가 될 것입니다.

과세이연

연금계좌의 진짜 장점은 바로 과세이연에 있습니다. 연금

계좌에 돈을 넣으면, 투자 수익에 대해 지금 당장 세금을 내지 않고, 나중에 연금을 수령할 때 한꺼번에 냅니다. 이렇게 세금 납부를 미루는 것을 과세이연이라고 하며, 그동안 발생한 수익을 모두 재투자할 수 있어 복리 효과가 극대화됩니다.

즉 일반 투자계좌에서는 매년 발생한 이익에 바로 세금을 내야 하므로, 그 부분이 복리로 불어나는 효과를 누리지 못합니다. 반면 연금계좌에서는 세금을 나중으로 미룸으로써 투자 원금과 수익이 모여 시간이 지날수록 기하급수적으로 늘어나는 '복리의 마법'을 온전히 경험할 수 있습니다.

과세이연 효과 덕분에 장기적으로 연금계좌를 활용하면 단순히 세금을 절약하는 것을 넘어 미래의 자산 축적에 엄청난 도움을 줄 수 있습니다. 퇴직 후 안정적인 생활을 위해 자산을 불리고자 한다면, 과세이연의 힘을 제대로 활용해야 합니다.

성과급으로 절세하기

퇴직연금계좌를 통해 성과급을 받으면, 단순히 받는 것보다 절세 효과가 더 큽니다. 성과급을 직접 수령하면 근로소득에 포함되어 일반 소득세율(최대 45% 등)을 적용받지만, 어떻게 수령하느냐에 따라 최종적으로 부담하는 세금이 크게 달라질 수 있습니다. 일반적으로는 성과급을 급여로 수령하면 종합소득세(근로소득세) 과세 대상이 되지만, 퇴직연금계좌(특히 DC)에 적립하면 과세 시점을 은퇴 이후로 미룰 수 있고, 이를 연금으로 수령하면 퇴직소득세가 할인되어 세율도 낮아지는 효과가 생깁니다.

다만 성과급을 퇴직연금계좌로 받는 것이 항상 유리하다고 단정할 수는 없습니다. 단기적으로는 자금을 사용할 수 없기 때문입니다.

장기적인 은퇴 계획이 있다면 → 성과급을 연금 자산으로 축적하는 방식이 유리할 수 있습니다. 이는 미래의 안정적인 생활자금을 마련하는 데 도움이 됩니다.

단기적으로 자금이 필요한 상황이라면 → 현금 수령이 더 적절할 수 있습니다. 퇴직연금계좌로 이체하면 일정 기간 자금 인출이 제한되기 때문입니다.

또 성과급을 퇴직연금계좌로 이체하는 것이 모든 기업에서 가능한 것은 아닙니다. 실제로는 회사 차원의 제도적 준비와 규정 개정이 필요한데, 이는 법적으로 반드시 해야 하는 의무사항이 아니라 기업의 선택 사항입니다. 근로자라면 회사에 이런 제도가 존재하는지를 확인하고, 제도 도입을 건의하는 방식으로 접근해야 합니다.

개인연금계좌로 절세하기

연금저축이나 IRP에서 세액공제 혜택을 받으며 모은 돈을 연금 형태로 수령하면, 연금소득세가 적용됩니다.

예컨대 만 55세 이후 5년 이상 나눠서 수령하면 5.5~3.3% 세율을 부담하게 됩니다. 반면 한꺼번에 인출하거나 연금 수령 기간을 충분히 확보하지 않으면, 16.5%(지방소득세 포함)의 기타소득세가 적용돼 세금 부담이 커질 수 있습니다.

연금 수령이 어려운 특별한 사유(천재지변, 질병, 부상 등)가 발생하면, 해당 사유가 발생한 날로부터 6개월 이내에 연금계좌에서 금액을 인출하더라도 세액공제를 받은 원금과 운용수익은 연금소득세(5.5~3.3%)를 적용받을 수 있습니다.

세액공제, 얼마나 받을 수 있을까?

연금저축과 IRP는 연말정산 때 환급받을 수 있는 절세 콤비입니다.

연금저축 공제 한도	연간 600만 원까지
IRP 공제 한도	연금저축과 합쳐서 900만 원까지

세액공제율

총급여 5,500만 원 이하 ➡ 16.5% 공제(최대 148.5만 원 환급)

총급여 5,500만 원 초과 ➡ 13.2% 공제(최대 118.8만 원 환급)

종합과세와 분리과세 중 선택은?

연금계좌를 통해 매월 연금으로 수령할 경우, 연금 재원별 인출 순서로 인출되면서 해당 부분에 맞춰 과세가 이루어집니다. 즉 먼저 세액공제를 받지 않은 금액을 사용하므로 이 부분에 대해서는 상대적으로 과세 부담이 적을 수 있습니다. 이후 세액공제를 받은 원금과 운용수익이 인출될 때는 그에 해당하는 세율(연금소득세)이 적용됩니다.

연금 재원별 인출 순서

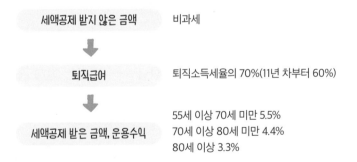

세액공제 받지 않은 금액   비과세

⬇

퇴직급여   퇴직소득세율의 70%(11년 차부터 60%)

⬇

세액공제 받은 금액, 운용수익   55세 이상 70세 미만 5.5%
70세 이상 80세 미만 4.4%
80세 이상 3.3%

결국 연금계좌에서 어느 재원이 먼저 인출되느냐에 따라 세금 계산 방식이 달라지므로, 본인이 실제로 어떤 재원을 사

난생처음 세금 여행

용하고 있는지 이해하는 것이 중요합니다. 이를 통해 은퇴 후 자금 계획을 더 정확하게 수립하고, 분리과세, 종합과세 방식이나 인출 시점 등을 조정해 절세 전략을 세울 수 있습니다.

종합소득세 과세 대상인 연금소득 2천만 원을 수령하고 근로소득으로 4천만 원을 번다고 가정하면, 세금을 신고하는 방식에는 두 가지가 있으며, 개인 상황에 따라 유불리가 달라질 수 있습니다. 하나는 두 소득을 합산하여 종합소득세로 신고하는 방식이고, 다른 하나는 연금소득에 대해서만 따로 분리과세를 적용받는 방식입니다.

종합과세를 선택하면, 다양한 공제를 적용한 후 결정된 과세표준에 따라 6%부터 45%까지의 누진세율이 적용됩니다. 분리과세를 선택하면 연금소득 2천만 원에 대해 단일세율(기본 15%, 지방소득세 포함 시 약 16.5%)이 적용되어 별도로 세금을 납부하게 됩니다. 이 경우 연금소득이 근로소득과 합산되지 않으므로, 종합소득세의 높은 누진세율 구간에 진입하는 것을 피할 수 있는 장점이 있습니다.

다만 분리과세를 선택한 연금소득에는 각종 소득공제가 적용되지 않기 때문에, 경우에 따라서는 오히려 종합과세보다 더 많은 세금을 낼 수도 있습니다. 따라서 어떤 방식이 유리한지는 개인의 전체 소득 수준, 공제 항목, 연금 수령액 등을 종합적으로 고려해 판단해야 합니다.

연금과 세금 FAQ

Q 퇴직금을 나눠서 받을 때는 어떻게 해야 하나요?

A 퇴직금은 퇴직할 때 한 번에 계산하는 게 원칙이지만, 중간에 퇴직금을 나눠 받으면 그때마다 퇴직소득세를 따로 계산하게 됩니다. 그러면 누진세율이 여러 번 적용되어 전체 세금 부담이 늘어날 수 있지만, 중간정산합산 특례를 잘 활용하면, 퇴직금을 나눠 받더라도 합산하여 세금을 계산함으로써 부담을 줄일 수 있습니다. 특히 퇴직 연수가 길수록 누진세 구간이 중복해서 적용되는 걸 막아 줄 수 있기 때문에, 중간정산을 했던 근로자라면 반드시 확인해 보는 게 좋습니다.

다만 모든 상황에서 무조건 이득이 되는 건 아닙니다. 요건을 충족하지 못하거나, 중간정산 후 근로 형태나 소득 변화가 많으면 예상치 못한 추가 세금이 발생할 수 있습니다.

Q 과세표준이 0원이면 세액공제를 못 받나요?

A 연금저축과 IRP에 돈을 넣으면 무조건 세금 혜택을 받을 수 있는 것은 아닙니다. 세액공제는 '이미 납부해야 할 세금'이 있을 때 돌려받을 수 있는 혜택이에요. 만약 과세표준이 0원이라면 돌려받을 세금이 없기 때문에 공제 혜택을 받을 수 없습니다.

즉 소득이 낮아 원래 납부할 세금이 없거나, 기존 공제 항목으로 세금이 0원이 된 사람은 연금저축이나 IRP보다 다른 절세 방법이 더 유리할 수 있습니다.

Q 연금을 연간 1,500만 원 이상 받으면 세금 폭탄?

A 연금소득의 과세 체계는 다른 소득과는 다르게 적용되며, 특히 개인연금이나 퇴직연금 같은 사적 연금소득에 대해서는 연간 1,500만 원이라는 기준이 존재합니다. 이 기준을 적용하는 연금소득은 국민연금소득과 합산되지 않고, 세액공제를 받은 납입분과 그 운용 이익을 재원으로 한 연금만을 대상으로 합니다. 해당 연금소득이 1,500만 원을 넘지 않는 경우에는 3~5%의 연금소득세만 내면 되고(원천징수됨), 연 1,500만 원을 초과한다면, 초과분에 대해 분리과세와 종합과세 중에서 유리한 방식을 선택합니다.

→ 184쪽 개인연금

과세되는 사적 연금소득이 1,500만 원을 초과한다고 해서 '세금 폭탄'이 발생하는 것은 아닙니다. 종합과세를 선택하는 경우 최대 900만 원의 연금소득공제와 각 개인의 소득 구조, 부양가족 수, 기타 공제 항목 등 여러 변수가 반영되어 최종 세금 부담이 결정됩니다. 종합과세한 세금이 분리과세 세율(16.5%)보다 높은 경우에는 분리과세를 선택하면 됩니다.

Q 국민연금이 종합과세되면 은퇴 후 매년 5월에 종합소득세 신고를 해야 하나요?

A 국민연금 소득 외 소득이 없다면 연금공단에서 연말정산을 해 주기 때문에 5월에 종합소득세 신고를 할 필요가 없습니다.

단, 2천만 원을 넘거나, 사업소득이나 근로소득이 추가로 발생한다거나, 기타소득금액이 연 300만 원을 초과한다면 신고 대상입니다. 국민연금을 해당 소득과 합산해 다음 해 5월 말까지 종합소득세 신고를 해야 하고, 그 결과에 따라 세금을 다시 정산하게 됩니다.

Q 종합과세 대상이 될 정도로 연금소득이 많아지면 어떻게 세금을 줄여야 하나요?

A 연기연금제도가 있습니다. 이미 개시된 연금 수령을 일시적으로 미루거나(연기), 연간 수령액을 줄여서 한 해에 잡히는 연금소득을 일정 수준 이하로 유지하는 방법입니다.

즉 금융소득(이자·배당)이나 근로소득이 높아 종합소득세율이 올라갈 상황이라면, 연기연금을 통해 매년 받는 연금 액수를 조절하여 종합과세 기준 이하로 맞출 수 있습니다. 이렇게 하면 높은 누진세율 구간에 들어가는 것을 피할 수 있어, 최종적으로 내야 할 세금을 줄이는 효과가 생깁니다.

게다가 연금 개시를 늦추면, 늦춘 기간만큼 향후 받을 연금액이 더 늘어나도록 설계된 상품도 많으므로, 단순히 세금 절감뿐 아니라 연금액 상승효과도 기대할 수 있습니다. 다만 연기연금은 개인의 재무 상태나 건강 상태 등을 종합적으로 고려해야 하므로, 가입한 연금상품의 규정과 본인의 생활자금 흐름을 잘 따져 본 뒤 결정하는 것이 좋습니다.

Q 해외로 이주하면 IRP나 연금저축에 들어 있는 돈은 어떻게 되나요? 세금은 어떻게 처리해야 하나요?

A 해외 이주 시점에 IRP와 연금저축의 처리 방식이 다릅니다. 연금저축은 해외 이주가 부득이한 인출 사유로 인정돼서 중도 인출이나 해지를 해도 저율의 연금소득세가 부과되지만, IRP는 그렇지 않아서 전액 해지 시 16.5%의 기타소득세를 부담할 수 있어습니다. 따라서 가능하다면 IRP 계좌를 국내에 그대로 두고 연금으로 수령하는 편이 유리합니다.

Q 은퇴 후 연금소득이 커지면 건강보험료도 올라가나요?

A 은퇴 후 지역가입자로 전환되면 연금소득도 건강보험료 산정에 영향을

미치므로, 건강보험료 산정 기준에 대한 이해가 필요합니다. 직장가입자는 근로소득을 기준으로 보험료를 산정해 회사와 본인이 각각 절반씩 부담합니다. 이때 재산이나 자동차 등은 고려되지 않습니다. 반면 지역가입자는 가입자의 소득과 재산(토지, 주택, 건축물 등)을 기준으로 보험료가 산정되며, 보험료 전액을 본인이 부담합니다(2024년부터 자동차에 부과되는 건강보험료는 폐지).

국민연금이나 공무원연금 같은 공적 연금도 연금소득의 50%가 건강보험료 산정에 반영됩니다. 국민연금으로 연간 1,800만 원을 받는다면, 그중 900만 원만 건강보험료 부과 대상입니다. 사적 연금(IRP, 연금저축 등)은 현재 건강보험료 부과 대상에서 제외되지만, 추후 바뀔 가능성이 있습니다.

정리하자면, 지역가입자로 전환되면 국민연금 소득의 절반이 건강보험료 산정에 반영되어 부담이 증가할 수 있습니다. 하지만 사적 연금은 현재 반영되지 않으므로 큰 영향을 미치지 않습니다. 직장가입자와 달리 재산까지 고려된다는 점에서 지역가입자의 보험료는 상대적으로 높아질 가능성이 큽니다. 따라서 임의계속가입 제도나 소득 조정 신청 등을 통해 부담을 완화하는 방안을 적극 활용해야 합니다.

Q ISA 계좌와 연금계좌의 배당소득세 정책이 어떻게 바뀌었나요?

A 절세계좌를 이용하는 이유 중 하나는 세금을 나중에 내는 구조를 통해 과세이연 효과를 누리고, 그만큼 원금이 빠르게 불어나길 기대하기 때문입니다. 그런데 최근 해외 펀드나 ETF의 배당소득세와 관련해 정부와 국민 간의 신뢰 문제가 발생하였습니다.

이제까지는 외국에서 배당소득세를 먼저 떼더라도, 국세청에서 이를 환급해 주는 방식으로 과세를 이연시켜 주었습니다. 과세가 이연된 배당소득에는 향후 연금 수령 시 연금소득세가, ISA 만기 시에는 비과세 또는 저율의 과세가 이루어집니다. 그런데 2025년 1월부터 해외에서 납부한 배당소득세의 환급을 갑자기 중단하였습니다. 장기적인 전략으로 절세 계좌를 활용하던 개인들에게 원성을 살 수밖에 없는 상황이었습니다.

현재 우리나라의 재정 상황이나 여러 이슈를 고려했을 때 연금 관련 세제는 계속해서 변할 겁니다. 그러니 정책 변화에 일희일비하기보다는, 공적연금, 퇴직연금, 개인연금을 잘 운용해서 나의 라이프 사이클에 어떻게 적용할 것인지에 집중하는 게 더 좋겠습니다.

Q 세액공제를 받지 않고 비과세 연금을 선택하는 게 더 유리한가요?

A 세액공제를 받으면 납입하자마자 13% 이상의 확정 이익을 얻는 셈이라 매우 매력적입니다. 다만 이 혜택을 받은 만큼 연금으로 수령할 땐 원금과 이자 모두에 3~5%의 연금소득세를 내야 합니다. 반면 세액공제는 없지만, 연금 수령 시 비과세 혜택이 있는 상품도 있습니다. 일반적으로는 세액공제를 받는 연금이 유리한 경우가 많지만, 노후에 부동산 임대수익 등으로 매달 고정 소득이 500만 원을 넘을 것으로 예상된다면, 비과세 연금이 유리할 수 있습니다.

즉 노후 소득이 많지 않을 것으로 예상된다면 미래에 낼 연금소득세가 걱정될 수 있지만, 지금 받을 수 있는 확실한 세금 혜택을 포기할 필요는 없습니다.

한 가지 더 중요한 점은 세액공제로 받은 환급금은 자동으로 연금계좌에 들어가는 것이 아니라 현금으로 받게 된다는 점입니다. 이 돈을 소비하지 말고 다시 연금계좌에 불입해야 복리 효과를 누릴 수 있습니다. 세액공제로 받은 환급금은 꼭 다시 연금계좌에 넣어 주세요.

제5장
부동산과 세금

사고 보유하고 팔 때 부과되는 세금

미리 세우는 세금 전략

BOARDING PASS

세금 여행지도 Let's go!

내 집 마련!

살 때	거주할 때	팔 때
취득세	**재산세,** **종합부동산세**	**양도소득세**
내 소유가 되었을 때 부과	매년 납부	매매 차익에 부과

DOWNLOAD TICKET

부동산과 세금, 꼭 알아야 할 기본 개념

부동산을 거래하는 과정에서 우리는 취득세, 보유세(재산세, 종합부동산세), 양도소득세, 상속·증여세를 마주하게 됩니다. 이 세금들은 각각의 상황에 따라 부과 기준과 세율이 달라지므로, 부동산을 거래하기 전에 세금 측면에서의 전략을 충분히 마련해 두는 것이 매우 중요합니다.

부동산을 거래할 때 발생하는 세금

취득세	부동산을 취득하면 가장 먼저 내야 하는 세금. 부동산을 소유하는 순간 부과되며, 단순한 구입뿐만 아니라 상속, 증여, 교환 등을 할 때도 부과됩니다.
재산세, 종합부동산세	부동산을 보유하는 동안 매년 납부하는 세금. 보유세는 재산세와 종합부동산세(종부세)로 나누어지며, 부동산의 공시 가격을 기준으로 산정됩니다.
양도소득세	부동산을 매각하면 매매 차익에 납부하는 세금. 부동산을 보유한 기간, 주택 수, 매매 차익 등에 따라 세율이 달라지며, 일부 경우에는 세금 감면 혜택이 적용될 수 있습니다.

내 집을 사면 세금이 얼마나 나올까?

집을 살 때 가장 먼저 마주하는 세금이 바로 취득세입니다. 취득세는 부동산을 포함한 재산을 취득할 때 내는 세금으로, 집을 사거나 땅을 매입할 때뿐만 아니라 자동차나 콘도 회원권 등 특정 재산을 구매할 때도 부과됩니다.

취득세는 취득가액에 따라 계산되며, 어떤 재산을 어떻게 취득하는지에 따라 세율이 달라집니다. 특히 주택이라면 공시가격과 취득 경로(매매, 증여, 상속 등) 및 주택 수에 따라 세율이 크게 달라질 수 있습니다.

취득세는 집값 외에 별도로 부담해야 하는 금액이기 때문에, 처음 집을 살 때 이를 미처 고려하지 못해 예상치 못한 부담에 당황하는 일도 종종 있습니다. 집을 살 때 드는 비용과 세금을 잘 계산하고 준비하는 것이 현명한 내 집 마련의 첫걸음입니다.

취득세율

주택 외 부동산 취득(토지, 건물 등)

- 유상 취득 4%, 무상 취득 3.5%, 원시 취득(건물 신축) 2.8%, 농지 상속 2.3% (농어촌특별세와 지방교육세 추가)

주택 외 자산(부동산 외 차량, 콘도 회원권 등)

- 골프 회원권이나 콘도 회원권 2.%(농어촌특별세 0.2% 추가)

주택 유상 취득(구입)

1주택자
- 6억 원 이하: 1%
- 6억 원 초과~9억 원 이하: 세율 1.1%에서 시작해 점진적으로 증가하여 약 2%까지 적용
- 9억 원 초과: 3%

2주택자
- 조정 대상 지역: 8%
- 비조정 지역: 1~3% (1주택자와 동일)

3주택자 이상
- 조정 대상 지역: 12%
- 비조정 지역: 8%

법인 및 4주택 이상 보유자
- 조정 대상 지역 및 비조정 지역: 모두 12%

주택 무상 취득(증여)

- 3억 원 이상: 조정 대상 지역 12%, 비조정 지역은 3.5%
- 3억 원 미만: 조정 대상 지역과 비조정 지역 모두 3.5%

- 주택이 있는 자가 상속을 받을 경우 2.8%
- 무주택자가 상속을 받을 경우 0.8%

신혼부부, 생애 최초 주택 구매자 등 특정 조건에 해당하면 취득세가 감면됩니다. 지방교육세와 농어촌특별세(전용면적 85㎡ 초과 시)가 추가됩니다. → 205쪽 취득세가 감면되는 다양한 경우

 취득세율은 경우에 따라 매우 다양하게 달라집니다. 모든 세율을 일일이 기억하기보다는 유상 취득인지 무상 취득인지, 조정 대상 지역인지의 여부, 부동산 용도에 따라 세율이 달라질 수 있다는 점을 이해하는 것이 중요합니다. 특히 최대 12% 이상의 세금이 부과될 수 있다는 사실을 염두에 두고, 거래 전에 반드시 본인에게 적용되는 취득세율을 미리 확인하는 습관을 들이면 좋겠습니다.

취득세가 감면되는 다양한 경우

어떨 때 취득세가 감면될까?

생애 최초 주택 구입 시 취득세 감면

처음으로 내 집을 마련할 때, 일정 조건을 충족하면 취득세 감면 혜택을 받을 수 있습니다. 12억 원 이하의 주택을 취득할 때 취득세액이 200만 원 이하라면 전액 면제되고, 200만 원을 초과하는 경우에는 200만 원을 공제받습니다.

생애 최초 소형 주택을 마련할 때는 취득세 300만 원까지 전액 면제됩니다. 2025년 취득에 한 주택에 한하며, 주택 가격 3억 원 이하(수도권 6억원 이하)의 아파트를 제외한 공동주택, 도시형 생활주택, 다가구주택 등에만 적용됩니다.

출산양육주택 취득세 감면

2024년 1월 1일부터 2025년 12월 31일까지 출산과 양육을 위해 집을 마련한다면, 이 기간 동안 취득세에서 최대 500만 원까지 면제됩니다(취득가액 12억 이하에 한함).

1세대 1주택자여야 하며, 기존에 다른 주택을 소유한 경우에는 새로운 주택 취득일로부터 3개월 이내에 기존 주택을 처분하여야 합니다. 본인과 배우자, 자녀 모두가 해당 주택에 전입신고를 하고 실제 거주해야 합니다. 출산 후 주택을 취득했다면 잔금 납부일로부터 3개월 이내에, 주택을 먼저 취득하고 출산한 경우에는 출산일로부터 3개월 이내에 전입신고를 완료해야 합니다. 만약 주택 취득일로부터 3년 이내에 주민등록을 전출하거나, 주택을 매각, 증여, 임대하면 감면받은 세액 및 가산세가 추징됩니다.

취득세 감면, 무턱대고 집을 사지 말아야 하는 이유

요즘 '올해까지만 적용되는 취득세 감면 혜택'이라는 말에 혹해서 서둘러 집을 사려는 사람들이 있습니다. 세금이 줄어든다니 마치 절호의 기회를 놓치면 안 될 것만 같은 기분이 듭니다.

취득세 감면 혜택은 분명 매력적입니다. 하지만 부동산은 단순히 세금 몇 퍼센트를 아끼겠다고 덜컥 결정할 수 있는 자산이 아닙니다. 잘못된 타이밍에 충분한 준비 없이 무리하게 구매한다면 감면받은 세금보다 훨씬 더 큰 부담이 다가올 수도 있습니다.

집은 인생에서 가장 큰 자산이 될 수 있습니다. 따라서 내 집 마련은 단순한 소비가 아닌 재산 형성의 과정임을 인식해야 합니다. 집을 사는 순간부터 금리, 대출 상환 계획, 가계 재정 상황까지 모든 요소가 긴밀하게 연결됩니다.

취득세 감면을 노리고 무리하게 집을 샀다가 이후 금리가 오르면 대출 이자가 감당하기 어려운 수준이 될 수 있습니다. 매달 원리금 상환에 허덕이다 결국 집을 매도하게 되는 상황도 생길 수 있습니다. 부동산 시장의 흐름도 중요합니다. 가격 변동성이 큰 시기라면, 취득세 감면보다 시장 상황을 신중히 살펴야 합니다. 향후 집값이 하락하면 감면받은 세금보다 훨씬 큰 손해를 볼 수도 있으니까요.

결국 중요한 것은 지금 집을 살 준비가 되어 있는지입니다. 취득세 감면이라는 당장의 혜택에만 집중하지 말고, 자신의 재정 상태를 먼저 점검하는 것이 우선입니다. 무리한 대출과 섣부른 선택은 복리로 부담이 쌓이는 결과를 초래할 수 있습니다. 장기적인 재정 안정성과 주택 시장, 금리 전망 등을 종합적으로 고려해 판단해야 합니다. 집은 혜택보다 준비가 먼저입니다.

- 현재 우리 가계의 대출 상환 능력은 충분한가?
- 향후 3~5년간 금리 변동의 방향성은?
- 주택 구매 후 유지비(재산세, 관리비, 보수 비용 등)까지 고려했는가?

취득세 절세 전략

상속세만 신경 쓰다 놓치는 취득세

상속을 준비하는 많은 사람이 상속세 절감에만 집중하는 경향이 있습니다. 하지만 정작 상속세를 줄이기 위한 모든 계획을 마친 후, 뜻밖의 취득세 부과 고지서를 받고 당황하는 경우가 적지 않습니다.

주택을 상속받았을 때 상속세만 납부하면 끝나는 것이 아닙니다. 상속받은 주택이 취득세 납부 대상이라면 취득세를 얼마나 내느냐도 재산을 효율적으로 관리하는 데 중요합니다.

상속받을 때 취득세를 줄이는 가장 확실한 방법은 무주택자가 상속받는 것입니다. 주택 상속 시 취득세 등은 3.16%(취득세 2.8%, 농어촌특별세 0.2%, 지방교육세 0.16%)가 적용되지만, 상속을 받는 사람이 무주택자라면 취득세가 0.8%로 낮아져서 최종적으로 0.96%만 내면 됩니다.

만약 주택을 상속받는 상속인이 여러 명이라면 어떨까요? 무주택자가 상속 지분을 1%라도 더 많이 가져가면, 역시 전체 상속인의 취득세 등을 3.16%에서 0.96%로 낮출 수 있습니다. 반대로 유주택자가 상속을 받으면 취득세특례세율이 적용되지 않아 3.16%의 취득세 등을 내야 합니다.

취득세 절세를 위해 무주택자가 상속받는 것이 유리하지

난 생 처 음 세 금 여 행

만, 세무당국에서는 상속인이 실제 무주택자인지 꼼꼼하게 검토하고 있습니다. 특히 공동명의 주택의 일부 지분을 보유했다면 무주택자로 보지 않습니다. 또 주택의 부속토지만 보유해도 주택을 소유한 것으로 보기도 합니다.

따라서 상속 과정에서는 무주택자 요건을 충족하는 상속인이 누구인지 확인하고, 예상치 못한 취득세 부담이 발생하지 않도록 상속 지분을 전략적으로 조정하는 것이 중요합니다.

감정 평가 활용하기

같은 부동산을 상속 또는 증여받아도 취득세가 달라질 수 있습니다. 그 핵심은 감정 평가액에 있습니다.

법적으로 취득세는 시가 표준액(정부가 정한 부동산 기준 가격)과 감정 평가액 중 낮은 금액을 기준으로 부과됩니다. 따라서 감정 평가를 받아 시가 표준액보다 낮은 금액을 인정받으면, 취득세 절감 효과를 기대할 수 있습니다.

특히 경기 침체로 부동산 가치가 하락하거나 매매 가격이 시가 표준액보다 낮을 가능성이 클 때, 감정 평가 활용이 유리합니다. 다만 감정 평가 비용이 발생하므로, 절감되는 취득세보다 감정 평가 비용이 더 적은지 확인해야 합니다. 감정 평가 후 세무서에서 이를 인정하지 않을 가능성도 있으므로, 세무 전문가와 상담 후 진행하는 것이 안전합니다.

내 집이 있으면
매년 세금이 얼마나 나올까?

집이나 부동산을 소유하고 있다면 매년 내야 하는 세금이 있습니다. 바로 재산세와 종합부동산세로, 이 둘을 합쳐서 흔히 보유세라고 부릅니다. 이름 그대로, 부동산을 가지고 있는 것만으로 부과되는 세금입니다.

재산세는 부동산을 소유하고 있는 사람이라면 누구나 내야 하는 지방세로, 부동산 종류와 규모에 따라 금액이 달라집니다. 반면 종합부동산세(이하 종부세)는 일정 기준을 초과하는 고액의 부동산을 가진 사람에게만 부과되는 국세입니다. 즉, 모든 사람이 다 내는 세금은 아닙니다.

종부세는 매년 6월 1일을 기준으로 개인이 보유한 전국 주택의 공시 가격 합계가 9억 원을 넘을 경우, 또는 1세대 1주택자라면 12억 원을 초과할 경우 부과 대상이 됩니다. 이 기준을 초과하면 재산세와는 별도로 국세청에서 종부세를 부과하고

난생처음 세금 여행

징수합니다.

보유세는 부동산의 공시 가격을 기준으로 산정되며, 공시 가격이 높을수록 보유세 부담도 커집니다. 하지만 보유세도 꼼꼼히 따져 보면 절세할 방법이 있습니다. 6월 1일이라는 기준일에 따라 보유세 부담 여부가 결정되기 때문에 매매 시점을 전략적으로 조정하면 세금을 줄일 수 있습니다.

결국 중요한 건 세금을 단순히 부담으로만 여기기보다는, 자신의 상황에 맞는 절세 전략을 잘 세우는 것입니다.

7월에 산 우리 집, 재산세는 언제부터 낼까?

부동산을 사고팔 때 많은 사람이 매매 가격과 대출 조건에만 집중하지만, 세금을 아끼려면 날짜 하나도 그냥 지나쳐서는 안 됩니다. 재산세와 종부세는 특정 날짜(6월 1일)를 기준으로 부과되며, 이때 등기부등본상 소유자로 등록되어 있다면 해당 연도의 보유세는 전적으로 본인이 부담해야 합니다.

즉 부동산을 거래하면서 6월 1일 이전에 소유권을 넘기느냐, 이후에 넘기느냐에 따라 보유세를 부담하는 사람이 달라질 수 있습니다. 단 하루 차이로 수백만 원, 많게는 수천만 원의 세금 차이가 생길 수도 있는 만큼, 거래 시기 조정이 중요한 절세 포인트가 될 수 있습니다.

6월 2일 이후에 매수하면 보유세 부담이 줄어드는 것은 사실이지만, 무조건 이 날짜를 기준으로 매매를 결정할 필요는 없습니다. 세금뿐만 아니라, 시장 상황, 매매가 협상, 대출 조건까지 종합적으로 고려해 가장 유리한 선택을 해야 합니다. 가격 협상을 위해 매도자의 상황을 이해하는 것도 중요합니다.

만약 7월에 집을 샀다면 재산세는 이듬해부터 납부하게 되며, 매년 7월(1기분: 주택의 절반, 건축물, 선박 등)과 9월(2기분: 주택의 나머지 절반과 토지)에 두 차례로 나누어 부과됩니다. 종부세 대상이 된다면 12월에 종부세 고지서를 받습니다.

매수자의 입장

· 6월 1일 이전에 소유권 이전 등기를 마쳤다면? → 올해부터 보유세 납부
· 6월 2일 이후에 소유권 이전 등기를 마쳤다면? → 내년부터 보유세 납부

매도자의 상황

1세대 1주택자

보유세 부담이 크지 않을 것입니다. 특히 공시 가격 12억 미만인 주택이라면 재산세만 부과되고, 종부세는 부과되지 않습니다.

다주택자

종부세 부담이 크기 때문에 6월 1일 이전에 처분하는 것이 유리할 수 있습니다. 특히 조정 대상 지역 다주택자는 종부세 중과세율이 적용되므로, 한 해 치 세금을 덜 내는 것이 중요할 수 있습니다.

협상

6월 1일 이후에 매도하지만, 올해 보유세를 매수자가 부담하는 조건으로 계약하거나, 매매가 협상에서 세금 부담을 일부 반영할 수 있습니다.

시기별 매매가 차이가 크다면?

6월 1일 이후 매수를 고집하다가 급매로 싸게 나온 물건을 놓치면 안 됩니다. 보유세를 내더라도 더 낮은 가격에 사는 게 이득일 수 있습니다.

재산세 절세하기

임대주택 재산세 감면 혜택

주택임대사업자로 등록하면 임대주택 면적에 따라 재산세 감면 혜택을 받을 수 있어 세금 부담을 줄일 수 있습니다. 전용 면적 40㎡ 이하인 공동주택 및 오피스텔은 100% 면제, 40㎡ 초과~60㎡ 이하는 75% 감면, 60㎡ 초과는 50% 감면받을 수 있으며, 2027년 12월 31일까지 이 혜택을 받을 수 있습니다.

재산세 감면 혜택을 받으려면 임대사업자로서의 의무를 성실히 이행해야 합니다. 임대 의무 기간을 준수하지 않거나, 임대료 증가율 제한을 위반하는 경우, 감면받은 세액이 추징될 수 있습니다. 따라서 임대사업자는 관련 규정을 철저히 준수하여 세제 혜택을 유지해야 합니다.

단, 재산세 감면을 위한 주택임대사업자 등록은 세무서에 하는 '사업자등록'과 다릅니다. 세무서에 하는 사업자등록은 임대소득 과세를 위한 의무 사항이고, 주택임대사업자 등록은 <민간임대주택에 관한 특별법>에 따른 선택 사항입니다. 정부24나 렌트홈에서 온라인 신청하거나 구청에 직접 방문해 신청할 수 있습니다.

난생처음 세금 여행

주택연금 가입 시 재산세 감면 혜택

주택연금은 주택을 담보로 제공하고 그 담보 가치만큼 대출받아 평생 또는 일정 기간 연금 형태로 지급받는 국가 보증 금융상품입니다.

주택연금에 가입하면 해당 주택에 대한 재산세를 25% 감면받을 수 있습니다. 주택의 공시 가격이 5억 원 이하에 적용되며, 5억 원을 초과하는 주택이라면 5억 원에 해당하는 재산세의 25%가 감면됩니다. 이러한 감면 혜택은 2027년 12월 31일까지 한시적으로 적용됩니다.

농지에 대한 재산세 감면 혜택

농지를 직접 경작하는 농업인은 재산세 감면 혜택을 받을 수 있습니다. 특히 자경농민이 2년 이상 농업에 종사하고 농지 소재지 또는 인근에 거주하는 경우 취득세와 재산세의 감면 혜택을 받을 수 있습니다. 또 농업인의 노후 생활 안정을 위해 담보로 제공된 농지에 대해서도 재산세가 감면됩니다.

내 집을 팔면 세금이 얼마나 나올까?

양도소득세 계산 구조

부동산 매도를 결정할 때 가장 중요한 요소 중 하나는 양도
소득세(이하 양도세)입니다. 양도세는 부동산을 팔아서 생긴 이
익에 대해 내는 세금인데, 계산 방식이 단계적으로 이루어집
니다.

먼저 부동산을 실제로 판 금액을 '양도가액'이라고 하고,
그 부동산을 샀을 때의 실제 구입 금액을 '취득가액'이라고 합
니다. 여기에 더해 부동산을 사고팔면서 들어간 각종 비용, 예
를 들어 중개수수료나 수리비 같은 '필요경비'도 차감 대상이
됩니다. 이렇게 해서 계산되는 것이 '양도 차익', 즉 실제로 남
은 이익입니다.

양도 차익에서 다시 한번 공제를 받을 수 있는 항목이 있는데, 그것이 바로 장기보유특별공제입니다. 부동산을 오래 보유할수록 공제율이 높아지며, 일반 자산의 경우 최대 30%까지 공제를 받을 수 있습니다. 특히 1세대 1주택은 보유 기간뿐만 아니라 실거주 기간까지 고려해서 최대 80%까지 공제가 가능합니다.

이렇게 장기보유특별공제까지 적용하고 나면 '양도소득금액'이 계산되고, 여기에 기본공제 250만 원을 추가로 빼고, 과세표준에 따라 정해진 세율을 적용하면 최종적으로 내야 할 양도소득세가 결정됩니다.

정리하면 단순히 사고팔 때의 차익에 세금을 매기는 것이

양도세 세액계산 흐름

양도가액 － 취득가액 － 필요경비 ＝ 양도차익 － 장기보유특별공제

＝ 양도소득금액

양도가액	· 부동산 등 양도 당시 실지거래가액
취득가액	· 부동산 등의 취득 당시 실지거래가액 · 실지거래가액을 확인할 수 없으면 매매사례가액, 감정가액, 환산취득가액 적용
필요경비	· 실가(설비비, 개량비, 자본적 지출액, 양도비) · 매매사례가액, 감정가액, 환산취득가액은 기준시가 3% 적용

아니라, 취득과 양도에 들어간 비용과 보유 기간 등을 종합적으로 고려해 세금이 계산됩니다.

양도소득세 세율은 기본적으로 근로소득세와 동일한 구간별 누진세율을 적용하는데, 이를 기본세율이라고 합니다. 그런데 여기에 다주택자 중과, 조정 지역 여부 등 다양한 중과 규정이 얽혀 있어서 실제 적용되는 세율은 훨씬 복잡하죠. 시기별로 세법이 자주 바뀌다 보니, 전문가들도 어떤 세율이 적용되는지 꼼꼼히 확인해야 할 정도입니다. 국세청 홈택스에 있는 세목별 정보(양도소득세) 페이지를 참고하면 기본 흐름을 이해하는 데 도움이 되고, 실제 양도를 고민 중이라면 사전 상담을 꼭 받는 걸 추천합니다. 세금은 '나중에 정리'보다 '미리 점검'이 훨씬 유리합니다.

양도소득세의 전략 검토

양도 시기 분산 vs 한꺼번에 양도

양도소득세는 연간 단위로 과세되므로 한 해에 많은 차익을 실현하면 높은 세율이 적용됩니다. 따라서 여러 건의 양도를 고려한다면 양도 시기를 분산하는 것이 유리할 수 있습니다.

이를테면 자경 농지 양도세 감면 제도에서는 5년간 2억 원, 1년에 1억 원까지 감면 혜택을 받을 수 있습니다. 만약 한 해에 2억 원의 양도 차익을 실현한다면, 1억 원까지만 감면받고 나머지에 대해 과세됩니다. 하지만 이를 2년에 걸쳐 양도하면 각각 1억 원씩 감면받아 세금을 최소화할 수 있습니다.

그런데 반대의 경우도 있습니다. 만약 한 해에는 양도 차익이 발생하고 다른 해에는 손실이 발생한다면, 손실을 낸 해에 이익을 합산해 '손익통산'을 하는 것이 세금 부담을 줄이는 데 유리합니다.

즉 양도 시기를 나눠야 유리할 때가 있고, 합쳐야 유리할 때가 있습니다. 자신의 상황을 분석해 최적의 전략을 선택해야 합니다.

증여 후 양도하면 세금이 줄어들까?

3억 원에 매수한 주택의 시세가 6억 원일 때, 이를 배우자에게 증여한 후 매도하면 양도소득세는 어떻게 과세될까요? 배우자는 6억 원의 무상 이익이 생겼으므로 증여세를 내야 하지만, 10년 내 다른 증여가 없었다면 배우자 공제 6억을 활용하여 증여세를 내지 않을 수 있습니다. 주택을 증여한 증여자의 경우에는 양도한 것이 아니므로 양도소득세를 내지 않습니다.

이후 배우자가 해당 부동산을 10억 원에 양도한다면, 양도차익은 4억 원이 됩니다. 증여하지 않고 양도했다면 양도 차익이 7억 원이었을 부동산의 양도 차익이 3억 원 감소한 것입니다. 배우자의 양도소득세는 증여 이후 매도 시점에 따라 달라집니다.

부동산을 증여한 후 10년 이내 매도하면 증여 전 취득가액으로 양도소득세를 부과하기 때문에 양도소득세 절감 효과가 없습니다.

증여 시점에서 10년 이내 매도 시

'세금 회피 목적 증여'로 간주, 양도소득세 이월과세(소득세법 제97조의2)를 적용. 양도 차익 7억 원(증여가 없다고 보고 계산한 양도 차익)에 대해 양도소득세를 내야 합니다.

➡ 증여로 인한 세금 감소 효과 없음

증여 시점에서 10년 이후 매도 시

증여 시 가액을 취득가액으로 보아 4억에 대한 양도소득세를 내야 합니다.

✅ 양도소득세 이월과세

부동산에서 5년 이내 매도 시에만 적용했던 양도소득세 이월과세(증여 전 양도 차익으로 양도소득세 계산)가 2022년 세법 개정으로 '10년 이내'로 강화되었습니다. 또 부동산에만 적용되었던 이월과세 규정이 2025년부터는 주식에도 적용됩니다. 단, 주식은 1년 이내 매도할 때만 적용됩니다.

양도세 절세하기

양도세 절세는 세금을 아끼는 것에 넘어 부동산 투자 수익을 극대화하고 자산을 안정적으로 관리하는 핵심 전략입니다.

1세대 1주택 비과세 혜택

1세대 1주택 비과세 혜택은 부동산을 보유한 사람이 실거주 목적의 주택을 양도할 때 적용할 수 있는 기본 절세 전략으로, 많은 주택 소유자가 활용하고 있습니다.

1세대 1주택자란 본인과 배우자, 같은 주소에서 함께 거주하는 직계존비속이 하나의 세대를 이루며, 그 세대가 소유한 주택이 단 한 채뿐인 경우를 의미합니다. 1세대 1주택에 해당하는 주택을 매도할 때 해당 주택의 양도 차익이 12억 원 이하라면 양도소득세가 전혀 부과되지 않습니다. 즉 매도 시점에서 공시 가격이 아닌 실제 양도 가격 기준으로 12억 원 이하라면 세금을 낼 필요가 없습니다.

이 혜택을 적용받으려면 주택을 2년 이상 보유해야 하며, 2017년 8월 3일 이후 취득 당시 조정 대상 지역에 있는 주택이라면 거주 기간이 2년 이상이어야 합니다.

서울과 같은 조정 대상 지역에 있는 아파트를 2018년에 취

난생처음 세금 여행

득했다면, 단순히 보유만 하고 세를 놓았을 때는 양도세 비과세 혜택을 받을 수 없습니다. 하지만 2년 이상 실거주를 한 상태에서 매도한다면 비과세 혜택을 받을 수 있습니다. 취득 당시의 조정 대상 지역인지가 중요합니다.

매도 가격이 12억 원을 초과하면 양도 차익에서 12억 원 초과분에만 양도소득세가 부과됩니다. 10억 원에 매입한 주택을 16억 원에 매도했다면, 총 6억 원의 차익이 발생한 것입니다. 그런데 집을 16억 원에 팔았다면 전체 금액 중 12억 원까지는 비과세이고, 4억 원만 과세 대상입니다. 즉 차익 6억 원 중에서 4(16-비과세 한도 12억)/16(매도 가격)인 1.5억 원의 차익에만 과세합니다. 여기에 1세대 1주택자의 장기보유특별공제를 최대 80%까지 적용받을 수 있다면 양도소득세 부담은 확연히 줄어듭니다.

1세대 1주택 비과세 혜택은 실거주자에게 가장 강력한 절세 수단입니다. 주택을 처분할 계획이 있다면, 본인이 이 요건을 충족하는지 미리 점검하고, 필요하다면 거주 기간 등 요건을 채운 후 매도하는 것이 유리합니다.

장기보유특별공제

부동산을 장기간 보유한 경우 양도소득에서 일정 비율을 공제해 주는 제도로, 보유 기간이 길수록 세금 부담이 줄어드

- **일반 부동산** 보유 기간이 3년 이상일 경우, 최대 30%까지 공제 가능
- **1세대 1주택** 보유 기간과 거주 기간을 모두 충족하면 최대 80%까지 공제 가능

는 효과가 있습니다. 특히 1세대 1주택자라면 최대 80%까지 양도 차익을 공제받을 수 있습니다.

장기보유특별공제율은 일반적인 부동산과 1세대 1주택자의 경우가 다르게 적용되며, 같은 집을 팔더라도 얼마나 오래 보유했는지 그리고 실거주를 했는지에 따라 납부해야 할 세금이 달라질 수 있습니다.

1세대 1주택자가 보유한 주택을 12억이 넘는 가격에 양도한다고 가정해 볼까요? 만약 이 주택을 10년 이상 보유하고 10년 이상 거주했다면, 양도 차익의 80%를 공제받을 수 있습니다. 즉 1억 원의 과세 양도 차익이 발생했다면, 8천만 원은 과세 대상에서 제외되고, 나머지 2천만 원에 대해서만 세금이 부과되는 것입니다(1세대 1주택자가 12억 이하로 매도한 경우엔 비과세이므로 장기보유특별공제가 필요 없습니다).

이사를 가기 위해 일시적으로 2주택이 된 경우

일시적 2주택 비과세특례는 기존 주택을 처분하기 전에 새로운 주택을 취득하여 일시적으로 2주택 상태가 됐을 때, 일

정 요건을 충족하면 1주택자로 간주해 양도소득세, 취득세, 종부세 등에서 세제 혜택을 받을 수 있는 제도입니다.

양도소득세를 면제받을 수 있는 주요 요건은 다음과 같습니다.

양도소득세 비과세 요건 1, 2, 3!

① 기존 주택을 취득한 후 최소 1년이 지나 새로운 주택을 매수해야 합니다.

② 기존 주택을 2년 이상 보유해야 합니다.
   (※ 2017년 8월 3일 이후 조정 지역에 취득한 기존 주택은 2년 이상 거주해야 합니다)

③ 신규 주택 취득 후 3년 이내에 기존 주택을 처분해야 합니다.

일시적 2주택자에 대한 취득세나 종합부동산세 감면 요건은 양도소득세와 유사하지만, 같지는 않습니다. 많이 놓치는 요건이 기존 주택을 취득하고 1년 이상 경과한 후에 신규 주택을 취득해야 한다는 부분입니다. 취득세와 종합부동산세는 이러한 '1년 요건'이 없습니다. 이처럼 일시적 2주택 조건은 세목별로 다르므로 사전에 꼼꼼히 알아봐야 합니다.

혼인 후 5년 이내 양도 시 비과세특례

결혼하면서 일시적으로 2주택이 되는 경우에는, 혼인한 날로부터 5년 이내에 먼저 양도하는 주택이 1세대 1주택 비과세 요건을 갖추었다면 비과세 혜택을 받을 수 있습니다.

동거봉양 합가 비과세특례

부모님 봉양을 위해 세대를 합침으로써 1세대 2주택이 되는 경우, 일정 요건을 충족하면 주택 양도 시 양도소득세 비과세 혜택을 받을 수 있는 제도

요건	• 각각 1주택 보유한 세대의 합가(부모님이 2주택을 보유하고 있다면 X) • 부모님 중 한 분이 만 60세 이상(60세 미만이라도 중증질환이나 희귀난치성 질환 등으로 요양이 필요한 경우에는 적용 가능) • 세대원 전원의 합가(부모님 두 분 모두와 자녀 세대가 함께 합가) • 1세대 1주택 비과세 요건 충족(양도하는 주택이 1세대 1주택 비과세 요건인 보유 기간 및 거주 기간 충족) • 10년 이내 주택 양도

주의 사항	무주택 상태에서 합가 후에 주택을 취득하는 경우에는 비과세특례를 적용받을 수 없습니다.

부모님 봉양으로 인한 2주택 비과세

부모님을 모시기 위해 세대를 합치면서 일시적으로 2주택을 보유하면 양도소득세 비과세특례를 제공합니다.

기타 양도소득세가 감면되는 경우

장기임대주택, 신축주택 취득, 공공사업용 토지, 8년 이상 자경농지 등의 경우 감면 요건을 충족한 때에는 양도소득세가 감면됩니다.

난생처음 세금 여행

부동산과 세금 FAQ

Q) 주택을 취득할 때 단독명의가 유리한가요? 공동명의가 유리한가요?

A 주택을 취득할 때 부부 공동명의와 단독명의 중 어떤 것이 세무상 유리한지는 취득세, 보유세, 양도소득세 관점에서 고려해 볼 수 있습니다.

취득세 관점 주택의 취득가액과 보유 주택 수에 따라 결정됩니다. 이때 단독명의와 공동명의 여부는 취득세율에 직접적인 영향을 미치지 않습니다. 즉 부부가 공동명의로 주택을 취득하더라도 전체 취득세 부담에는 차이가 없습니다.

보유세 관점 재산세 관점에서 주택의 공시 가격을 기준으로 산출되며, 물건별로 부과되기 때문에 단독명의든 공동명의든 전체 재산세 부담에는 차이가 없습니다.

하지만 종부세를 계산할 때, 1주택 보유자의 명의 형태에 따라 적용 방식과 혜택이 달라지므로 이를 잘 따져 보는 것이 중요합니다. 기본적으로 종부세는 개인별로 과세되며, 단독명의 1세대 1주택자의 경우 공시 가격 12억 원까지 기본공제를 받을 수 있습니다. 여기에 보유 기간과 연령에 따라 최대 80%까지 세액공제를 적용받을 수 있어, 장기 보유자이거나 고령자라면 세 부담을 크게 줄일 수 있습니다.

반면 공동명의로 1주택을 보유한 경우에는 각자 9억 원씩, 총 18억 원까지 기본공제를 받을 수 있지만, 단독명의자에게 주어지는 보유 기간이나 연령에 따른 세액공제는 적용되지 않습니다. 이때 선택할 수 있는 제도가 바로 '부부 공동명의 1주택자 과세특례'입니다. 이 특례를 신청하면 공동명의 주택이라도 단독명의로 간주해 1세대 1주택자 방식으로 종부세를 계산할 수 있습니다. 이 제도를 활용하면 공시 가격 12억 원까지 기본공제가 적용되고, 고령자 및 장기 보유에 따른 세액공제를 통해 최대 80%까지 세금 감면을 받을 수 있습니다.

다만 이 특례는 부부가 공동명의로 1주택만을 보유하고 있어야 하며, 매년 국세청에 신청해야 적용됩니다. 따라서 본인의 보유 주택 현황과 앞으로의 계획, 고령자 여부 등을 종합적으로 고려해 단독명의, 공동명의, 또는 과세특례 중 어떤 방식이 유리할지 판단하는 것이 중요합니다.

양도소득세 관점 주택을 양도할 때 발생하는 양도소득세는 양도 차익에 따라 기본 누진세율(6~45%)이 적용됩니다. 이때 공동명의로 주택을 보유하면 양도 차익을 지분별로 분할하여 계산하므로, 각자의 과세표준이 낮아져 상대적으로 낮은 세율이 적용될 수 있습니다. 양도 차익이 1억 원 발생한 경우라면 단독명의자는 1억 원 전체에 대해 세금을 부담하지만, 공동명의자(지분 50%씩)는 각자 5천만 원에 대해 세금을 부담하게 되어 총세액이 줄어드는 효과가 있습니다.

Q 주택을 취득한 뒤 명의를 변경할 때 어떤 점에 유의해야 할까요?

A 주택을 취득한 후 명의를 변경할 때, 특히 단독명의를 공동명의로 전환하려면 증여세와 취득세가 발생할 수 있습니다. 부부간 증여라면 10년간 6억 원까지는 증여세가 면제되지만, 취득세는 별도로 부과됩니다. 따라서 최초 취득 시부터 신중하게 명의를 결정하는 것이 바람직합니다.

또 장기적인 관점에서 재산 분할 등 다양한 상황을 함께 고려하는 것도 필요합니다. 예를 들어, 향후 부부 관계에 변화가 생긴다면 명의 구조에 따라 법적, 재정적 판단에 차이가 발생할 수 있으므로, 이러한 점까지도 염두에 두고 판단하는 것이 현명합니다.

Q 2주택자가 분양권을 사고, 완공 전에 기존 집을 모두 팔면 취득세 중과를 피할 수 있나요?

A 부동산 취득 시 부과되는 취득세는 보유한 주택 수에 따라 세율이 달라집니다. 특히 분양권은 주택 수 산정에 중요한 요소로 작용(2020년 8월 12일 이후 취득한 분양권은 주택 수에 포함)하며, 취득세 중과 여부를 판단할 때 주택 수는 분양권 취득일을 기준으로 산정합니다. 즉 분양권을 취득한 시점에 2주택자라면 취득세 중과를 피할 수 없습니다.

Q 1주택자가 이사를 가려고 주택을 매수하면 2주택 취득세를 내야 하나요?

A 일반적으로 2주택 이상을 보유한 경우 취득세 중과세율이 적용되지만, 대통령령으로 정하는 '일시적 2주택'은 예외로 인정됩니다. 일시적 2주택자의 취득세 중과 배제를 받으려면 조정 대상 지역 여부를 확인하고, 신규 주택 취득 후 일정 기간 내 기존 주택을 매도해야 합니다. 이때 세대 기준을 신중하게 고려해야 하며, 단순히 주민등록만 분리한다고 다른 세대로 인정되지 않을 수 있습니다. 또 법적 기준과 실질적 거주 여부를 종합적으로 판단해야 합니다. 결국 일시적 2주택자의 취득세 감면 혜택을 받으려면 단순히 2주택 보유 기간을 넘기지 않는 것뿐만 아니라, 법적으로 인정되는 세대 기준을 충족하는지도 확인해야 합니다.

Q 오피스텔도 주택인가요?

A 오피스텔은 사용 용도에 따라 세금 부과 방식이 크게 달라집니다. 따라

서 사용 용도를 신중히 결정해야 하고, 전문가 상담을 통해 세금 부담을 최소화할 방안을 모색해야 합니다.

취득세 오피스텔 자체를 취득할 때는 업무용으로 간주되지만, 보유 중인 오피스텔이 주거용이라면 향후 다른 주택 취득 시 중과 대상이 될 수 있습니다.

양도소득세 주거용으로 사용한다면 오피스텔은 주택과 동일하게 취급되어 주택 수에 포함됩니다. 이에 따라 중과 여부와 비과세 혜택이 달라집니다.

재산세와 종합부동산세 주거용으로 사용하면 재산세와 종부세에서 모두 주택으로 간주되며, 재산세가 절감될 수 있습니다. 업무용으로 유지하면 종부세를 피할 수 있지만, 상대적으로 높은 재산세율이 적용될 수 있습니다.

제6장
N잡러의 세금

→ 월급 외 소득이 생겼다면, 지금이 세금 공부할 때

→ N잡러의 다양한 소득, 세금 신고 방법

→ 프리랜서부터 유튜버까지, 직업별 세금 가이드

BOARDING PASS

세법상 사업소득으로 간주되는 경우는 매우 다양합니다. 우리가 일반적으로 사업을 생각할 때 떠올리는 형태의 사업 외에도, 꾸준히 반복적으로 돈을 벌고 있다면 모두 사업소득으로 봅니다. 직장에 다니면서 부업을 하는 사람, 1인 사업자로 재택근무를 하는 사람, 또는 강사나 코치처럼 사업장 없이 소득을 올리는 사람도 '사업소득자'에 해당합니다. 그러나 많은 사람이 자신이 사업소득자라는 사실을 인지하지 못하고 있다가 예상치 못한 세금 고지서를 받고 당황하곤 합니다.

이번 장에서는 사업소득자의 세금 구조를 이해하고, 신고 및 절세 전략을 익히는 방법을 다루겠습니다.

부업하는 근로소득자의 세금 신고

요즘 회사에 다니면서 부업을 병행하는 사람이 많아지고 있습니다. 책을 출간하거나, 온라인 쇼핑몰을 운영하거나, 유튜브에서 콘텐츠를 제작하는 등 다양한 방식으로 추가 소득을 얻는 경우가 많습니다. 이런 소득이 발생하면 종합소득세 신고 대상이 될 수 있습니다. 단순히 월급을 받을 때와는 달리, 여러 소득이 합산돼 세금 계산 방식이 달라지기 때문입니다.

그러면 부수입에 대한 세금은 어떻게 처리해야 할까요? 이제부터 근로소득 외에 추가 소득이 발생했을 때 알아야 할 이모저모를 살펴보겠습니다.

직장인이면서 부수입이 있을 때 알아야 할 종합소득세의 개념과 절세 방법, 신고 의무가 면제되는 기타소득 기준도 함께 알아봅니다. 또 근로자가 부업을 할 때 사업자등록이 필요한 경우와 그렇지 않은 경우를 구분하고, 사업자등록을 할 때

부가가치세를 포함한 추가적인 세금 문제를 어떻게 관리해야 하는지도 설명합니다. 마지막으로 프리랜서일 때 세금 구조가 어떻게 달라지는지, 3.3% 원천징수 소득은 어떻게 신고해야 하는지를 다루며, 부업과 본업을 병행하는 상황에서 고려해야 할 세금 핵심 이슈를 정리해 보겠습니다.

종합소득세 신고의 기본 개념

흔히 세금 신고라고 하면 연말정산을 떠올리기 쉽습니다. 하지만 연말정산은 근로소득자를 대상으로 회사가 대신 처리해 주는 것이고, 다른 소득이 있다면 5월에 직접 종합소득세(이하 종소세)를 신고해야 합니다.

종합소득세는 한 해 동안 벌어들인 여러 소득을 합산해 과세하는 방식입니다. 근로소득(월급), 사업소득(부동산 임대소득 포함), 기타소득(일정 금액 이상)을 합산해 계산합니다. 그런데 종합소득세에 포함되지 않는 부수입도 있습니다. 가끔 강의를 하고 받는 강의료나 회의에 참석하고 받은 회의 수당 등은 연간 합산 금액이 일정 금액 이하라면 종합소득세 신고에서 제외됩니다.

내가 종합소득세 신고 대상 소득이 있는지, 신고하지 않아도 되는 소득만 있는지는 홈택스를 통해 미리 확인할 수 있지만, 5월 종합소득세 안내장을 기다려 국세청에서 안내해 주는 내용에 따라 신고하는 것이 더 효율적입니다.

사업자등록증이 있는 직장인은 이듬해 초, 연말정산으로 근로소득세를 정리하고, 5월에 사업자등록증에 등록된 사업의 추가 소득을 합산해 종소세를 신고해야 합니다. 이때 연말정산에서 누락된 공제가 있다면 추가로 반영할 수 있습니다.

5월의 종합소득세 신고 계산 구조

종합소득세는 소득세의 한 종류로, 1년간 개인이 벌어들인 모든 종류의 소득을 합산해서 이듬해 5월에 신고하는 세금입니다. → 55쪽 소득세의 흐름 종합소득세가 결정되는 과정은 다음과 같습니다.

소득 합산

직장에서 받는 급여(근로소득)뿐만 아니라 부업으로 번 소득(사업소득), 일정 금액 이상의 강의료나 인세 같은 기타소득이 있다면 종합소득으로 합산해야 합니다. 특히 3.3% 원천징수된 사업소득이 있다면, 금액이 적다고 해도 반드시 5월에 근로소득과 합산해서 신고해야 합니다.

필요경비 차감

사업소득이 있다면 경비를 인정받아 과세표준을 줄이는 것이 중요합니다. 예를 들어 유튜브를 운영한다면, 장비 구입비, 촬영 장소 임차료, 편집 비용 등을 필요경비로 인정받아 소득에서 차감할 수 있습니다. 필요경비를 잘 활용하면 실제 과세 대상 소득을 줄일 수 있기 때문에 절세에 도움이 됩니다.

장부 작성 의무 확인

사업소득이 일정 금액 이하라면 간편장부 대상자에 해당하며, 장부를 작성하지 않고 추계신고(단순경비율, 기준경비율)로 신고할 수 있습니다. 사업소득이 일정 금액 이상이면 복식부기 의무가 발생하고, 복식부기 의무자가 장부를 제출하지 않으면 가산세가 부과됩니다. 따라서 복식부기 의무자는 반드시 장부를 작성 및 보관해야 합니다.

과세표준 적용

종합소득세는 소득이 커질수록 세율이 높아지는 누진세율 구조입니다. 단순히 부업을 추가했다고 해서 동일한 세율이 적용되는 것이 아니라, 기존 소득에 추가되면서 전체 소득에 대한 세율이 높아질 수 있습니다.

난 생 처 음 세 금 여 행

부업을 하면 세금이 얼마나 증가할까?

부업소득이 크지 않더라도 근로소득과 합산되면 전체 소득 구간이 올라가면서 예상보다 높은 세율이 적용될 수 있습니다. 그래서 세후 기준으로 내가 얼마를 버는지 따져 보는 것이 필요합니다. 시간을 들여 열심히 벌었는데, 세금을 내고 나면 남는 돈이 생각보다 적을 수 있으니까요. 일반적으로 직장인 연말정산에서는 급여에 대한 소득세만 원천징수되기 때문에, 근로소득만 있는 경우는 회사에서 알아서 세금을 정산해 줍니다. 하지만 사업소득이 추가되면 상황이 달라집니다.

같은 2천만 원을 벌어도, 전업으로 사업을 해서 벌었다면 세금이 비교적 적게 나올 수 있어 실제로 손에 쥐는 돈이 더 많을 수 있습니다. 반면 연봉 5천만 원을 받는 직장인이 부업으로 2천만 원을 더 벌면, 기존 급여와 합산돼 더 높은 세율이 적용됩니다. 그러면 세금을 더 많이 내야 하고 실제로 남는 돈은 줄어듭니다.

이렇게 차이가 나는 이유는 소득이 많을수록 세율이 올라가는 누진세 구조 때문입니다. 연봉 5천만 원을 받는 직장인 A 씨가 부업으로 한 해 동안 2천만 원을 더 벌었다고 가정해 보겠습니다.

연봉 5천만 원일 때(부업소득 합산 전)

과세표준 구간 5천만 원 이하 → 소득세율 14% 적용 → 72쪽 종합소득세의

계산

근로소득 없이 사업소득만 2천만 원일 때

과세표준 구간 1,400만 원 이하 → 소득세율 6% 적용

부업으로 2천만 원의 추가 순이익을 벌었을 때

과세표준 5천만 원 + 2천만 원 = 7천만 원

과세표준이 증가하면서 사업소득에 대해서는 소득세율 24% 적용

사업소득만 2천만 원이 있었을 때는 기본공제와 국민연금, 건강보험료 공제 등을 제외하면 과세표준이 1,400만 원 이하가 되어 6%의 세율이 적용됩니다.

하지만 근로소득이 있는 사람이 사업으로 2천만 원의 순이익을 추가하면 24% 이상의 세율이 부과될 수 있습니다. 부업에 적용되는 세율이 모두 24%인 것은 아니며, 기존 연봉에 적용되는 세율 중 최고 세율(한계세율)이 적용됩니다.

또 하나 예를 들어볼까요? 연봉 7천만 원인 사람(A)과 소득이 없는 사람(B)이 똑같이 오피스텔을 구매해서 월세를 받는다면, 세후 월세소득은 누가 더 많을까요? 답은 B입니다.

A는 기존 근로소득과 월세소득(부동산임대소득도 사업소득)이

난 생 처 음 세 금 여 행

합산되면서 높은 세율을 적용받는 구간이 늘어나기 때문에 세후 소득이 B보다 줄어듭니다.

B의 월세소득에 대한 세금 〈 A의 월세소득에 대한 세금

세금을 줄이려면

부업을 하면서 세금 부담을 줄이기 위해서는 관련 경비를 잘 챙겨야 하고, 사업소득이 있다면 관련 비용을 최대한 증빙하여 경비로 인정받아야 합니다.

사업 관련 경비의 예

온라인 쇼핑몰 운영자 포장비, 배송비, 광고비 등

유튜버 카메라 장비, 편집 비용, 인터넷 요금 등

실제 경비를 인정받으려면 사업가계부(간편장부 또는 복식부 기장부)를 작성해야 하고, 실질적인 경비가 많지 않다면 추계 방식으로 신고하는 것이 유리합니다. 여기에 관해서는 앞으로 살펴볼게요.

별도의 세금 신고를
하지 않아도 되는 경우

근로소득 외에 부수입이 생겼다고 해서 모두 5월에 세금 신고를 해야 하는 것은 아닙니다. 일부 소득은 아예 소득세가 부과되지 않는 비과세 소득에 해당하기도 합니다. 또 부수입이 모두 사업소득으로 분류되는 것도 아닙니다. 일시적으로 발생한 소득은 세법상 기타소득으로 구분되며, 일정 금액 이하의 기타소득은 별도로 종합소득세를 신고하지 않아도 됩니다.

비과세소득

소득세법 제12조에는 이런 소득에 대해 소득세를 과세하지 않는다고 명시된 항목들이 있습니다. 여기에 해당하는 소득을 얻는다면, 5월에 소득세 신고를 따로 할 필요가 없습니다.

- 1주택만 소유한 자가 주택을 빌려주고 받는 수입(단, 주택의 기준 시가가 12억이 넘는 고가 주택이거나 국외에 소재한 주택인 경우에는 세금을 내야 합니다)
- 작물 재배업에서 발생하는 소득
- 서화, 골동품을 박물관 또는 미술관에 양도함으로써 발생하는 소득
- 법령 조례에 따른 위원회 등의 보수를 받지 아니하는 위원(학술원 및 예술원 회원 포함) 등이 받는 수당

기타소득

기타소득과 사업소득의 구분

사업소득과 기타소득은 소득이 발생하는 형태와 지속성에 따라 구분됩니다. 직장인이 취미로 만든 강의 영상을 한두 번 판매해 수익을 올렸다면 기타소득이지만, 지속해서 강의를 제작해 판매하면 사업소득으로 봅니다. 만약 블로그 광고 수익이 1년에 5만 원 정도라면, 이건 사업소득일까요, 기타소득일까요? 1년에 한 번 소액의 현금을 받는 정도라면 업으로 하는 것이 아니므로 기타소득으로 봅니다.

강사료는 어떤 소득으로 보고 신고를 하느냐에 따라 3.3% 또는 8.8%를 원천징수합니다. 3.3% 원천징수를 했다는 것은 국세청에 사업소득으로 보고되었다는 뜻입니다. 지속적으로 소득을 얻는 프리랜서 강사, 코치, 작가 등이 해당하며, 종합소득세 신고 시 추가 세금 납부 또는 환급이 가능합니다.

만약 8.8%를 원천징수했다면 국세청에 기타소득으로 보고

사업소득	• 지속적, 반복적으로 이루어지는 경제 활동에서 발생하는 소득 • 3.3% 원천징수
기타소득	• 일시적이고 비정기적으로 발생하는 소득 • 8.8% 원천징수

난생처음 세금 여행

되었다는 뜻으로, 일시적인 강연료, 상금 등에 해당됩니다. 연 750만 원 이하 소득이라면(8.8% 세금 차감 전 기준) 종합소득세 신고를 하지 않아도 됩니다.

다시 말해서 1년 기타소득 실수령액이 684만 원(750만 원에서 8.8% 원천징수 차감 후 실수령액)을 초과하면 5월에 종합소득세 신고를 해야 합니다. 종합소득으로 신고해야 하는 대상이 되면 국세청이 5월에 안내장을 보내 줍니다.

필요경비 차이

사업소득은 실제 발생한 필요경비(사무실 임차료, 마케팅 비용, 장비 구입비 등)를 증빙해 세금을 차감할 수 있습니다. 소득(수입)이 적은 경우에는 추계신고를 통해 '업종별 단순경비율'이나 '기준경비율'을 사용해서 증빙 없이 비용을 인정해 주기도 합니다.

반면 기타소득은 법에서 소득의 성격에 따라 정해 둔 일정 비율(필요경비율)만큼만 차감이 가능하기 때문에 별도의 필요

기타소득의 필요경비율

소득 유형	필요경비율(%)	기타소득금액 계산 방식
원고료, 강연료, 인세, 작품상금	60%	수입금액 × 40%
공익사업 관련 상금 등	80%	수입금액 × 20%

경비를 위한 증빙이 필요 없습니다. 강사료로 700만 원(8.8% 세금 차감 전)을 받았다면, 필요경비율 60%를 적용해 기타소득금액은 280만 원(700만 원 × 40%)으로 계산됩니다.

종교인 소득이나 서화, 골동품을 양도하고 발생하는 소득도 기타소득으로 분류되며, 필요경비는 법에서 정하는 계산식에 따라 결정됩니다.

기타소득 확인 및 신고 방법

기타소득금액 300만 원 이하(강사료 기준으로는 기타소득에 해당하는 총수입이 750만 원 이하인 경우)라면 8.8%의 원천징수만으로 분리과세가 가능하며, 종합소득세 신고 없이 끝납니다. 내 기타소득은 홈택스에서 간단하게 확인할 수 있습니다.

홈택스 로그인 ➡ 마이홈택스 ➡ 지급명세서 등 제출내역

8.8% 원천징수 계산식

기타소득은 지급하는 자가 기타소득금액의 20%를 원천징수하게 되어 있습니다. 강사료와 같은 기타소득은 필요경비율이 60%이기 때문에 기타소득금액은 강사료의 40%(100 − 60%)로 계산합니다.

$$원천징수금액 = 기타소득금액 \times 20\%$$

$$= (강사료의 \, 40\%) \times 20\%$$

$$= 강사료의 \, 8\%(지방소득세 포함 8.8\%)$$

그래서 100만 원을 받고 강의를 하기로 했다면, 통장에 입금되는 돈은 8.8%인 88,000원을 차감한 912,000원입니다.

일반적으로 기타소득금액(기타소득 × (100 − 필요경비율%))이 300만 원을 넘으면 근로소득과 합산해서 5월에 종합소득세 신고를 해야 합니다. 하지만 복권 당첨 수입처럼 종합소득으로 신고할 필요가 없는 기타소득도 있습니다.

복권에 당첨되면 세금을 얼마나 내야 할까?

복권 당첨금은 일시적이고 반복되기 어려우므로 기타소득으로 봅니다. 금액에 따라 세금은 달라지지만, 금액이 커도 종합소득세에 합산되지는 않기 때문에 걱정하지 않아도 됩니다.

복권 당첨금이 200만 원 이하라면 세금을 내지 않고, 200만 원이 넘으면 3억 원 이하 22%, 초과분은 33%의 세금이 원천징수됩니다.

2022년에 90억 원 이상 당첨된 사례가 있었습니다. 이때 세금을 떼고 받은 실수령액은 약 61억 원이었습니다.

근로자가 사업자등록을 해야 한다면

부업을 하거나 프리랜서로 활동하면서 "나는 소소하게 돈을 버는 거니까 사업자등록은 필요 없겠지?"라고 생각하는 경우가 많습니다. 하지만 국세청은 사업상 독립적으로 재화나 용역을 공급하는 사람은 반드시 사업자등록을 해야 한다고 규정합니다. 특별한 경우에만 사업자등록증 없이 수익 활동을 하는 것이 인정됩니다.

사업자등록이란?

사업자등록은 '나는 사업을 하고 있습니다'라고 세무서에 신고하는 과정입니다. 국세청은 사업자등록을 통해 누가 사업을 하고 있는지, 얼마나 벌고 있는지, 세금을 얼마나 내야 하는지를 파악합니다.

고객이나 거래처에서 현금영수증이나 세금계산서를 발행해 달라고 했을 때 사업자등록증이 없으면 곤란할 수도 있습니다. 그런 상황이 예상된다면 이를 대비해서 사업자등록증은 갖추고 시작하는 것이 좋습니다. 프리랜서 수입(3.3% 차감 후 받는 수입)만 있어서 사업자등록증을 내지 않아도 되는 사업자인지도 확인해야 합니다. 사업자등록은 사업을 시작한 날로부터 20일 이내에 사업장 관할 세무서에 신청해야 하며, 사업을 아직 시작하지 않았더라도 미리 등록할 수 있습니다.

사업자등록을 하지 않으면

사업자등록을 하지 않으면 미등록 가산세(1%)가 부과될 수 있고, 세금과 관련해 불이익을 받을 수 있습니다. 경비 처리가 어려워 세금 부담이 커질 수 있고, 부가가치세 환급을 받을 수 있는 경우에도 미등록 상태라면 환급이 불가능합니다.

사업자등록이 필요 없는 경우

소득이 아주 적고, 일시적으로 발생하는 경우라면 사업자 등록을 할 필요는 없습니다. 또 사업장이나 물리적 설비가 없고, 직원이 없으며, 소비자를 대상으로 돈을 받지 않으면 사업자등록증을 발급받지 않아도 됩니다. 프리랜서로 3.3% 차감 소득만 있는 경우도 마찬가지입니다.

사업자등록, 어떻게 하나요?

사업장(사업을 하는 장소) 결정

사업장 임대차계약서(임대하는 경우)를 사업자등록 시 제출해야 합니다. 일부 업종은 자택을 사업장으로 할 수 있습니다(온라인 판매업은 자택을 사업장으로 등록할 수 있지만, 제조업은 불가능).

필요한 추가 서류 제출

업종에 따라 사전에 받아야 하는 신고서나 허가서 또는 확인증이 필요합니다. 음식점은 보건증 및 위생교육수료증 등을, 출판업은 출판사신고확인증을 제출해야 합니다.

세무서 방문 또는 홈택스 신청

사업장 관할 세무서를 방문해서 신청하거나 국세청 홈택스에서 온라인으로 신청할 수 있습니다.

등록 후 할 일

- 세금 신고 일정 확인(부가가치세, 종합소득세 등)
- 은행에서 사업용 계좌 및 사업용 신용카드 만들어서 홈택스에 등록하기
- 업무 관련 경비(통신비, 인터넷 등)의 자동이체를 사업용 계좌로 바꾸기

직장인이면서 사업자등록을 했을 때
고려해야 할 것들

사업소득이 일정 금액을 넘어서면 건강보험료가 추가로 부과될 수 있습니다. 따라서 예상보다 많은 소득이 발생했다면 건강보험료가 오를 수 있다는 걸 염두에 둬야 합니다. 예를 들어 임대료 수입에서 비용을 차감한 후의 금액이 2천만 원이 넘으면 직장 월급에서 공제되는 건강보험료 외에 추가 보험료가 별도로 부과됩니다.

또 사업자등록을 하면 면세사업자가 아닌 이상 부가가치세 신고 대상이 됩니다. 특히 온라인 쇼핑몰 운영, 온라인 강의 판매, 전자책 판매 등에서는 부가가치세 신고 납부 의무가 생길 수 있으므로, 자신이 어떤 사업자인지 확인해야 합니다.

N잡 체크리스트

☑ 본인이 면세사업자인지, 간이과세자인지, 일반과세자인지 확인
☑ 직장에서 연말정산을 잘 마무리한 후, 5월 종합소득세 신고를 꼭 챙길 것
☑ 부가가치세 신고 기한(1월, 7월 또는 2월)을 놓치지 말 것
☑ 건강보험료 변동 가능성을 고려해 미리 예상해 볼 것
☑ 사업을 확장할 계획이라면 회계 장부 정리 습관을 들일 것

N잡을 하다가 퇴사 후 사업자로 전환하면 여러 가지가 달라집니다. 연말정산 없이 종합소득세 신고를 해야 하고, 4대 보험이 지역가입자로 변경될 수 있습니다. 또 직장인이 받았던 의료비 세액공제와 같은 혜택도 누릴 수 없습니다. 따라서 퇴사 후 본격적으로 사업을 시작할 계획이라면 미리 사업자의 세금 부담과 공제 방식의 차이를 이해하고 준비해야 합니다.

사업자등록을 하면 회사에서 알게 되나요?

사업자등록 자체는 회사에 자동으로 공유되지 않으며, 개인정보 보호법에 따라 개인의 사업자등록 정보도 보호됩니다. 그러나 특정 상황에서 간접적으로 노출될 가능성이 있으므로, 회사와의 관계에서 신의를 잃지 않도록 신중히 처리하는 것이 좋습니다.

부가가치세는 나랑 상관이 있을까?

부가가치세(Valu Added Tax, VAT)는 상품이나 서비스의 거래 과정에서 발생하는 부가가치에 부과되는 세금입니다. 최종 소비자가 부담하지만, 사업자가 신고하고 납부해야 합니다. 즉 소비자가 물건을 구매할 때 지불하는 가격에 부가가치세가 포함되어 있으며, 사업자는 이 세금을 대신 징수하여 국가에 전달하는 것입니다.

부가가치세는 매출세액에서 매입세액을 차감해 계산합니다. 사업자가 상품이나 서비스를 판매하면서 받은 부가가치세 (매출세액)에서, 사업을 위해 지출한 비용에 포함된 부가가치세 (매입세액)를 공제한 금액을 납부하는 것입니다.

그런데 부가가치세는 소득세와는 완전히 다른 세금입니다. 사업자들이 부가가치세와 소득세를 모두 '세금'이라고 부르다 보니 혼란스러워하는 경우가 많습니다. 어떤 세금인지 명확히

인지하고 세금을 납부하는 것이 절세의 출발입니다!

그러면 나는 부가가치세법상 어떤 사업자일까요? 그것은 사업자등록증에서 확인할 수 있습니다. 내 사업자등록증 바로 아래에 일반과세자, 간이과세자, 면세사업자가 표시돼 있습니다. 이 분류가 부가가치세법상 사업자 분류라는 것을 기억하면 됩니다.

부가가치세는 홈택스(www.hometax.go.kr)에서 직접 신고, 납부할 수 있습니다. 일반과세자는 매년 1월과 7월에 지난 6개

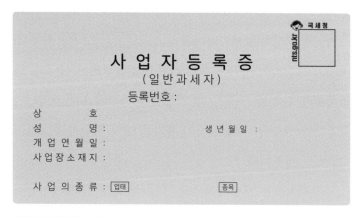

사 업 자 등 록 증
(일 반 과 세 자)
등록번호 :

상   호 :

성   명 :   생 년 월 일 :

개 업 연 월 일 :

사 업 장 소 재 지 :

사 업 의 종 류 : [업태]   [종목]

사업자 유형	부가가치세 신고	소득세 신고
일반과세자	1년에 2번(1월, 7월)	5월 종합소득세 신고
간이과세자	1년에 1번(1월)*	5월 종합소득세 신고
면세사업자	부가세 신고 없음 2월에 사업자현황 신고	5월 종합소득세 신고

*7월에 한 번 더 부가가치세를 신고하는 간이과세자도 있습니다. → 260쪽 간이과세자의 모든 것

월간의 매출과 매입을 신고합니다. 1월부터 6월까지의 매출은 같은 해 7월 25일까지, 7월부터 12월까지의 매출은 이듬해 1월 25일까지 신고해야 합니다. 간이과세자는 매년 1월(1월 25일까지) 1회, 세금계산서 발행 의무가 있는 간이과세자는 1년에 2회 신고합니다.

처음 시작해서 아직 매출이 없을 때도 부가가치세는 반드시 신고해야 하는데, 이를 '무실적 신고'라고 합니다. 매출과 매입이 모두 0원임을 신고하는 것입니다. 복잡한 절차 없이 간단하게 완료할 수 있는데, 계속 신고하지 않으면 세무 당국에서 사업이 중단되었다고 판단해 사업자등록을 직권 말소할 수 있으니 꼭 해야 합니다.

얼마나 낼까?

일반과세자

일반과세자인 온라인 쇼핑몰 운영자 A 씨의 2024년 1월부터 6월까지 매출은 5천만 원(부가가치세 포함 5,500만 원)입니다. 매입 비용이 2천만 원(부가세 포함 2,200만 원)이면, 납부할 금액은 얼마일까요?

✅ 공급가액

소비자에게 5만 5천 원을 받고 다이어리를 1천 개 팔았다면, 매출은 얼마일까요? 5,500만 원(55,000 × 1,000)이라고 생각하기 쉽지만, 5만 5천 원 중 5천 원은 부가가치세로, 판매자가 보관하고 있다가 국세청에 납부해야 하는 세금입니다. 따라서 매출은 부가가치세를 제외한 5천만 원입니다. 부가가치세법상 용어로는 공급가액이라고 부릅니다.

일반과세자 A 씨가 납부할 부가가치세

매출세액(매출 × 10%) − 매입세액(매입 × 10%) = 납부할 부가가치세

(5천만 원 × 10%) − (2천만 원 × 10%) = 500만 원 − 200만 원

= 300만 원

납부할 부가가치세는 300만 원이며, A 씨는 7월 25일까지 홈택스에서 부가세를 신고하고 300만 원을 납부하면 됩니다.

난생처음 세금 여행

일반과세자의 부가가치세 절세 방법

부가가치세는 모든 사업자가 반드시 신경 써야 하는 중요한 세금입니다. 하지만 적절한 절세 전략을 활용하면 세 부담을 줄이고, 사업 운영을 더 효율적으로 할 수 있습니다.

부가가치세 절세의 핵심은 매입세액 공제를 최대한 활용하고, 법에서 제공하는 각종 감면 제도를 적극적으로 활용하는 것입니다. 사업자 유형에 따라 활용할 수 있는 절세 방법이 달라질 수 있으므로, 자신의 사업 상황에 맞춰 적절한 전략을 세우는 것이 중요합니다.

부가가치세 절세 체크리스트

- ☑ **매입세액 공제를 철저히 챙기기** 매입세액이 많을수록 납부할 세금이 줄어든다!
- ☑ **세금계산서와 영수증 챙기기** 세금계산서로 부가가치세 공제받고, 영수증으로 지출 증빙
- ☑ **사업용 신용카드 사용하기** 사업용 신용카드 등록으로 사업 관련 지출 내역 자동 등록
- ☑ **의제매입세액공제 제도 활용하기** 부가가치세와 관련한 매입세액 공제
- ☑ **사업 운영 관련 비용을 사업자 명의로 전환하기** 매입세액 공제, 종소세 신고시 경비 인정
- ☑ **공과금과 통신비를 사업자 명의로 전환** 세금계산서 발급, 부가가치세 공제

간이과세자

연 공급대가가 4,800만 원 이하인 간이과세자는 부가가치세를 낼 필요가 없고, 매년 1월에 신고만 하면 됩니다.

간이과세자인 음식점 운영자 B 씨의 부가가치세를 계산해 볼까요? B 씨가 2024년에 고객에게 받은 공급대가는 총 6천만 원이고, 세금계산서로 받은 매입 비용은 3천만 원(부가세 포함)입니다. 간이과세자는 업종별로 부가가치율이 다른데, 음식점 업종은 15%입니다.

{공급대가 × 10% × 업종별 부가가치율} − 매입세액(공급대가 × 0.5%) = 납부할 부가가치세

{(6천만 원 × 10%) × 15%} − (3천만 원 × 0.5%) = 90만 원 − 15만 원 = 75만 원

즉, 납부할 부가가치세는 75만 원입니다.

✅ 공급가액과 공급대가

공급가액과 공급대가는 서로 다른 의미입니다. 공급대가(供給對價)는 고객이 내는 돈(부가가치세를 포함한 금액)이고, 공급가액(供給價額)은 파는 사람이 받는 돈(부가가치세를 포함하지 않은 가격)입니다. 예를 들어 임대료가 110만 원이고, 이 중 10만 원이 부가가치세라고 가정하면, 공급대가는 110만 원(고객은 110만 원 지출), 공급가액은 100만 원입니다(건물주는 100만 원만 갖고 10만 원은 세금으로 내므로). 간이과세자 여부를 판단할 때는 공급대가 기준을 적용합니다.

간이과세자의 업종별 부가가치율 표

업종	부가가치율
① 소매업, 음식점업, 재생용 재료수집 및 판매업	15/100
② 제조업, 농업, 임업 및 어업, 소화물 전문 운송업	20/100
③ 숙박업	25/100
④ 건설업, 운수 및 창고업(소화물 전문 운송업은 제외), 정보통신업	30/100
⑤ 금융 및 보험 관련 서비스업, 전문과학 및 기술서비스업(인물사진 및 행사용 영상촬영업 제외), 사업시설 관리, 사업지원 및 임대 서비스업, 부동산 관련 서비스업, 부동산 임대업	40/100
⑥ 그 밖의 서비스업	30/100

간이과세자의 모든 것

    간이과세자는 신규 사업자 또는 직전 연도 매출액이 일정 금액 이하인 소규모 사업자를 위한 혜택으로, 누구나 간이과세자가 될 수 있는 것은 아닙니다. 가능하다면 간이과세자로 시작하는 것이 부가가치세 납부 면에서 유리합니다. 간혹 사업의 성격에 따라 일반과세자가 유리할 수도 있으므로, 사업자등록증을 내기 전에 내가 간이과세자의 요건에 맞는지, 요건에 맞다면 나에게도 간이과세자가 유리한지를 검토한 후에 간이과세자로 사업자등록을 해야 합니다.

간이과세자의 매출 요건

- 직전 연도 공급대가 합계액이 1억 400만 원 미만인 개인사업자

  (단, 부동산 임대업 또는 과세유흥장소 경영 사업자는 4,800만 원 미만)

- 간이과세자로 등록했더라도 직전 연도 공급대가 1억 400만 원을 초과하면 일반과세자로 자동 전환. 일반과세자라도 직전 연도 공급대가 1억 400만 원 미만이면 요건 검토 후 자동으로 간이과세자 전환.

    국세청에서는 연간 매출액이 1억 400만 원 미만인 소규모 사업자가 간이과세자로 유리하다고 했습니다. 전문직, 제조

업, 도매업, 부동산 매매업 등 영세할 수 없는 업종, 사업장의 위치나 면적에 따라서, 일반과세 사업자등록증이 있는 경우는 간이과세자가 될 수 없습니다.

간이과세자의 세금계산서와 계산서 발급

매출 4,800만 원 이상인 간이과세자는 세금계산서 발급 의무가 있습니다. 대상자에게는 관할 세무서에서 통지가 옵니다. 그리고 세금계산서 발급 대상 표시가 된 사업자등록증으로 바뀐 사업자등록증을 재발급해 줍니다. 공급대가 합계 4,800만 원 이상이 되는 해의 이듬해 7월 1일부터 6월 30일까지 세금계산서 발급이 의무입니다.

계산서는 면세사업자가 발급하는 영수증으로, 간이과세자

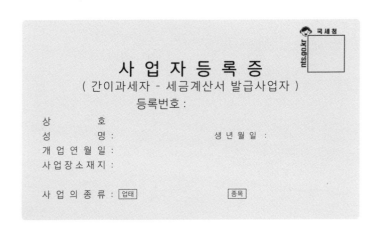

가 발급할 것은 아닙니다. 세금계산서 발급 의무가 있는 사업
자라면 세금계산서를, 세금계산서 발급 의무가 없는 간이과세
자라면 현금영수증(부가가치세 미포함 양식)이나 또는 신용카드
영수증을 주면 됩니다.

사업자등록증이 없는 나도 사업소득자

일반적으로 사업소득자는 사업자등록증을 발급받아야 하지만, 사업자등록이 없어도 사업소득자로 인정되는 경우가 많습니다.

프리랜서 강사, 코치, 작가, 콘텐츠 크리에이터(유튜버 등), 보험설계사, 네트워크마케팅 사업자, 온라인 판매업자, 인스타그램 마켓 운영자 등이 해당됩니다.

보험설계사의 연말정산과
5월 종합소득세 신고

근로자만 연말정산을 하는 것이 아니라 보험설계사 같은 특수 업종 사업자도 연말정산을 합니다. 하지만 사업자의 연말정산은 근로자의 연말정산과는 체계가 완전히 다릅니다. 보험설계사나 1인 사업자가 신용카드를 많이 사용하면 '신용카드 등 소득공제'를 받을 수 있다고 생각하는 경우가 많지만, 사업소득자는 이 공제를 받을 수 없습니다. 근로소득자에게만 적용되는 공제이기 때문입니다.

사업소득자는 신용카드 사용분에 대해서 소득공제 대신 사업용 지출로 필요경비를 인정받을 수 있습니다. 그러려면 장부를 작성해야 하는데, 추계신고를 선택한 경우에는 신용카드 사용액이 세금 절감과 직접적인 연관이 없습니다. 연말정산을 하는 사업자는 모두 추계로 신고하는 것이기 때문에 직전 매출이 7,500만 원 이하인 보험설계사는 신용카드 사용액을 경비로 인정받지 못합니다(경비 사용액이 추계로 인정받은 비용보다 더 크다면 별도로 장부를 작성하는 것이 유리합니다).

유튜버의 세금

영세율 신고의 의미

유튜버가 수익을 창출하면 어떤 세금을 내야 할까요? 유튜버는 기본적으로 사업소득자로 간주되며, 국내외 광고 수익, 슈퍼챗, 후원금, 협찬 수익 등을 통해 소득을 얻습니다. 이 과정에서 부가가치세, 종합소득세, 원천징수 등의 개념이 적용됩니다.

유튜버의 세금, 어디까지 알아야 할까?

유튜버가 부담해야 하는 대표적인 세금으로는 종합소득세와 부가가치세가 있습니다. 부가가치세는 유튜버가 사업자로 등록한 경우에 적용될 수 있습니다.

일부 유튜버는 MCN(멀티채널네트워크)과 계약하여 광고 수익을 받기도 하는데, 이때 3.3%의 원천징수 세금이 적용될 수도 있습니다. 특히 해외 광고 수익이 있다면 영세율 적용 여부를 확인하는 것이 중요합니다.

그렇다면 유튜버는 어떤 상황에서 영세율을 적용받을 수 있으며, 세금 부담을 줄일 방법은 무엇일까요?

유튜버에게 유리한 영세율 제도

영세율 제도는 일정한 조건을 충족하는 사업자에게 부가가 치세를 0%로 적용하는 제도입니다. 원래 매출이 발생하면 부 가가치세로 10%를 부담해야 하지만, 해외에서 발생한 용역에 대해서는 영세율이 적용될 수 있습니다.

유튜브 광고 수익은 유튜버가 광고주와 직접 계약하는 것 이 아니라, 해외 법인(구글 등)으로부터 광고 수익을 받는 구조 입니다. 국세청은 이를 국외 제공 용역으로 간주하여 영세율 적용이 가능하다고 판단합니다.

영세율을 적용받으려면 일반과세자로 사업자등록증을 받 아야 하며, 사업자가 국세청에 영세율을 신청해야 합니다.

만약 영세율을 적용받으면 부가가치세 부담이 사라지는 대 신, 매입세액 공제는 유지할 수 있어 장비 구입 등에서 세금 부담을 줄일 수 있습니다.

유튜버의 소득세 신고

영세율이 적용되는 세금은 부가가치세이며, 소득세는 이와 별도입니다. 영세율 적용을 받는 과세사업자나 부가가치세를 면제받는 면세사업자 모두 종합소득세 신고를 해야 합니다. 영세율 적용을 받으려면 업종코드 921505로 사업자등록증을 발급받아야 합니다.

< 업종코드 및 적용범위 >			
코드	세분류	세세분류	적용범위
940306	기타 자영업	1인 미디어 콘텐츠 창작자 (면세)	인적시설과 물적시설 없이 인터넷기반으로 다양한 주제의 영상 콘텐츠 등을 창작하고 이를 영상 플랫폼에 업로드하여 시청자에게 유통하는 자로서 수익이 발생하는 산업활동 • 인적용역자의 콘텐츠 창작 등에 따른 수입 포함 (예시) 유튜버, BJ, 크리에이터 등
921505	영화비디오물 및 방송프로그램 제작업	미디어콘텐츠 창작업 (과세)	인적 또는 물적시설을 갖추고 인터넷기반으로 다양한 주제의 영상 콘텐츠 등을 창작하고 이를 영상 플랫폼에 업로드하여 시청자에게 유통하는 자로서 수익이 발생하는 산업활동

부가가치세법상 사업자와 관계없이 모든 유튜버는 소득세 신고 시 필요경비를 인정받아 과세 대상 소득을 줄일 수 있습니다. 필요경비는 실제로 유튜브 운영과 관련된 지출을 말하며, 대표적으로 다음과 같은 항목이 포함됩니다.

- **촬영 장비 구입비** 카메라, 조명, 마이크, 삼각대, 편집용 PC
- **콘텐츠 제작비** 영상 편집 프로그램 구독료, 썸네일 디자인 비용, 음악 라이선스 구매 비용
- **마케팅 및 홍보 비용** SNS 광고비, 유료 홍보비
- **사무실 운영비** 스튜디오 임차료, 인터넷 요금, 공과금
- **출장 및 교통비** 촬영을 위한 출장 비용

하지만 모든 비용이 자동으로 공제되는 것은 아닙니다. 국세청이 인정하는 필요경비로 인정받으려면 세금계산서, 신용카드 영수증, 은행 송금 내역 및 거래명세서 등의 증빙 자료를 보관해야 합니다.

외화를 버는 1인 사업자의 세금

유튜버뿐만 아니라 해외에서 수익을 올리는 다양한 1인 사업자도 영세율을 적용받을 수 있습니다. 대표적으로 다음과 같은 직업군이 이에 해당할 수 있습니다.

- **프리랜서 디자이너, 일러스트레이터** 해외 클라이언트에게 작업을 제공하는 경우
- **온라인 강의 제작자** 해외 교육 플랫폼에 강의를 판매하는 경우
- **IT 개발자** 해외 기업을 대상으로 앱 개발 및 코딩 업무를 수행하는 경우
- **번역가, 통역가** 외국어 번역 및 통역 서비스를 제공하는 경우
- **온라인 쇼핑몰 운영자** 해외 고객을 대상으로 전자상거래(이커머스)를 운영하는 경우

이들은 유튜버와 마찬가지로 국외에서 용역을 제공하고 대가를 받으므로, 영세율 적용 대상이 될 수 있습니다.

프리랜서(면세사업자) vs. 영세율 사업자, 무엇이 유리할까?

일반적으로 연 매출(공급대가 기준)이 1억 400만 원 미만인 사업자는 일반과세자 또는 간이과세자로 등록할 수 있습니다. 간이과세자는 부가가치세 납부 부담이 낮지만, 매입세액 공제 혜택을 받을 수 없습니다.

하지만 직원이나 물리적 설비가 없고, 일반 소비자를 대상으로 수익 활동을 하지 않는다면 사업자등록증 없이 프리랜서로 활동할 수도 있습니다. 그러나 이럴 때도 매입세액 공제 혜택은 적용되지 않습니다.

반면 일반과세자로 사업자등록을 하고 영세율을 신청한 사업자는 부가가치세를 납부하지 않으면서도 매입세액 공제를 받을 수 있습니다. 따라서 매입세액 부담이 큰 사업이라면 일반과세자로 등록하는 것이 더 유리할 수 있습니다.

제7장
상속세와 증여세
: 가족 재산 지키기

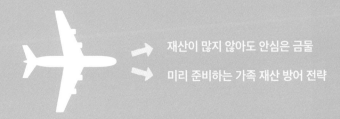

재산이 많지 않아도 안심은 금물

미리 준비하는 가족 재산 방어 전략

BOARDING PASS

세금 여행지도 Let's go!

재산이 넘어가는 순간

생전에 주면 증여세

증여 발생

증여 공제
10년 단위 1천~6억 원

비과세 공제
생활비, 교육비 등

세율 적용
10~50%

세금 납부
즉시납부, 분납, 연부연납

DOWNLOAD TICKET

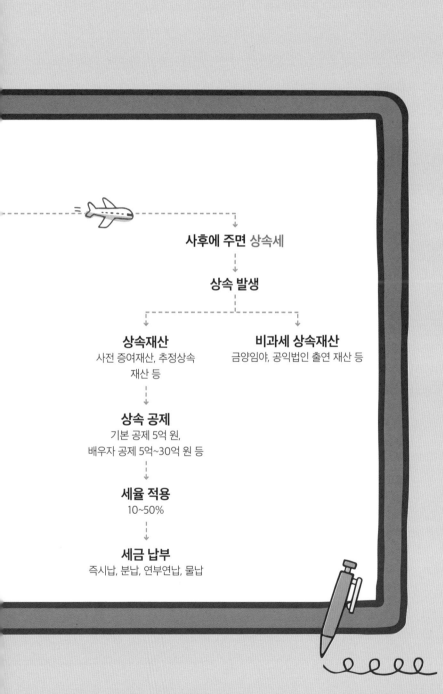

사후에 주면 상속세

상속 발생

상속재산
사전 증여재산, 추정상속
재산 등

비과세 상속재산
금양임야, 공익법인 출연 재산 등

상속 공제
기본 공제 5억 원,
배우자 공제 5억~30억 원 등

세율 적용
10~50%

세금 납부
즉시납, 분납, 연부연납, 물납

상속세와 증여세의 차이

우리는 언젠가 재산을 물려주거나 물려받을 수 있습니다. 이때 재산이 넘어가는 방식은 두 가지로 나눌 수 있습니다. 살아 있는 동안 넘기면 증여, 사망한 후에 넘어가면 상속입니다. 그리고 재산이 넘어가는 과정에서 각각 증여세와 상속세가 부과되죠. 증여세와 상속세는 특정 부자만의 세금이 아니라 우리 모두의 삶과 연결된 세금입니다.

상속세와 증여세의 세율은 동일하지만, 세금을 구하는 근본 방식이 다릅니다. 상속세는 '남긴 재산 전체'를 기준으로 계산합니다. 남기는 재산에서 일정 금액을 공제하고, 남은 금액에 누진세율을 적용한 후 상속인이 나누어 내도록 합니다. 반면 증여세는 '받는 사람이 얻는 재산'을 기준으로 계산합니다. 받은 재산에서 일정 금액을 공제하고, 남은 금액에 누진세율이 적용됩니다. 증여세와 상속세 세율은 10%에서 최대

50%까지 적용됩니다.

공제할 때는 증여세 공제보다 상속세 공제가 훨씬 큽니다. 상속세는 예전에 증여했던 금액부터 죽어서 남기는 재산까지 모든 재산에 세금을 부과하므로 높은 세율을 적용받고, 공제 항목도 다양합니다. 또 누구나 5억 원이 공제되며, 배우자 상속분은 최소 5억에서 최대 30억 원까지 공제받을 수 있죠. 반면 가족 간 증여는 10년 주기로 1천만 원에서 6억 원까지 공제가 가능합니다. 그렇다고 무조건 상속세가 유리할까요?

피상속인과 상속인

상속세와 증여세를 알아보기 전에 먼저 알아야 할 개념은 피상속인과 상속인입니다. 피상속인은 부모님이나 할아버지, 할머니처럼 재산을 남기는 사람을 말합니다. 상속인은 피상속인이 사망한 후 재산을 물려받는 사람입니다. 일반적으로는 자녀, 손자 등이 해당될 것입니다. 두 용어를 혼동하면 상속 절차나 세금 계산에서 실수할 수 있으므로 명확하게 이해하는 것이 중요합니다.

피상속인
재산을 남긴 사람

상속인
재산을 받는 사람

난 생 처 음 세 금 여 행

피상속인(被相續人)의 피(被)에는 '당하다'라는 뜻이 있습니다. 기억하기 쉽게 '피(blood) 흘리는 사람', 즉 피 흘리며 사망하여 재산을 남기는 사람이라는 의미로 기억하면 잊어버리지 않겠죠?

상속세 vs. 증여세

상속과 증여의 가장 기본적인 차이는 상속은 사망 후 재산이 이전되는 것이고, 증여는 생존 중에 재산을 이전하는 것입니다. 재산 이전 시점 외에도 과세하는 방식과 과세 대상에 큰 차이가 있습니다. 하지만 사람들이 이 두 가지를 혼동하는 경우가 많아 자료를 찾거나 상담할 때 소통이 어려운 경우가 많습니다.

A 씨가 20억 원을 두 자녀에게 각각 10억 원씩 준다고 가정했을 때, 상속으로 이전하면 상속세는 얼마일까요?

상속과 증여의 차이

상속	증여
사망 후 재산 이전	생존 중 재산 이전
피상속인의 전체 재산	수증자의 취득 재산
유산세(遺産税, estate tax) 방식	유산취득세(遺産取得税, inheritance tax) 방식

상속세와 증여세 세율표

과세표준(증여재산-공제액)	세율	누진공제액
1억 원 이하	10%	-
5억 원 이하	20%	1천만 원
10억 원 이하	30%	6천만 원
30억 원 이하	40%	1억 6천만 원
30억 원 초과	50%	4억 6천만 원

상속세 과세표준 = 상속재산 20억 - 상속 공제 7억(일괄 공제와 금융

재산상속 공제 가정) = 13억 원

상속세 = 13억 × 40% - 1.6억 원 = 3억 6천만 원

= 상속인 수(2명)로 나누면 1억 8천만 원

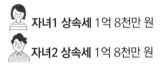

자녀1 상속세 1억 8천만 원

자녀2 상속세 1억 8천만 원

살아서 받으면 증여라고 했죠? 이번에는 수증자(증여를 받은
사람)를 중심으로 세금을 각각 계산해 보겠습니다. 상속세와
증여세의 세율은 동일합니다.

증여세 과세표준 10억 원에 대해서 5천만 원의 공제 후 과세표준

9.5억 원

증여세 = 9.5억 원 × 30% - 6천만 원 = 2억 2,500만 원

자녀1 증여세 2억 2,500만 원

자녀2 증여세 2억 2,500만 원

위 사례를 보면 상속세가 유리합니다. 그런데 현실에서의 계산은 달라질 수 있습니다. A 씨의 상속세를 계산할 때 합산해야 할 다른 재산이 있다면 상속세 세율이 50%까지 올라갑니다. 또 증여할 때 20억 원이었던 재산이 상속 시점에는 얼마나 늘어나 있을지 예측할 수 없습니다. 상속은 증여보다 보통 시기적으로 나중에 일어나기 때문에, 그 사이에 자산 가치가 상승하면 그만큼 과세 대상 금액도 커져 상속세가 더 많이 나올 수 있습니다.

이렇게 재산의 종류, 가액, 시기, 가족 간 상황에 따라 다르기 때문에 상속세와 증여세를 고려하여 적절한 절세 전략을 세우는 것이 중요합니다. 전문가와 상의하는 것이 가장 안전한 방법입니다.

✅ 사망 전 10년 이내에 증여하면 어차피 상속세 대상

상속은 사망 후 이전된 재산에 대해 세금을 내는 것이라고 했지만, 생전에 준 재산도 상속세 계산에 포함될 수 있습니다. 사망 전 10년 이내에 미리 준 재산이 상속세 계산 시에 합산됩니다. 즉 증여 후 10년이 넘어가면 상속세 계산에 포함되지 않습니다. 앞으로 더 자세히 알아보겠습니다.

상속세

상속이란 무엇일까?

개인의 삶에서 중요한 사건 중 하나인 상속은 재산의 이전과 관련된 법적, 세무적 문제를 포함합니다. 따라서 상속 준비는 단순히 세금 문제를 넘어 가족 간의 갈등을 줄이고, 사후 재산 분배를 원활하게 하기 위한 중요한 과정입니다.

상속, 세무사를 만나야 할까? 변호사를 만나야 할까?

상속이 일어나면 크게 세 가지 이슈가 발생합니다. 첫 번째 이슈는 상속을 받을 것인지 말 것인지의 문제입니다. 영화에서 보면 얼굴을 본 적도 없는 친척이 사망하면서 재산을 남겼다고 변호사가 찾아오는 일이 생깁니다. 언뜻 생각하면 이게 웬 횡재인가 싶을 수도 있지만, 조심해야 합니다. 재산을 받는 다는 것은 그 사람이 갚아야 할 빚까지 받아야 한다는 의미입니다. 만약 내가 받을 재산보다 갚아야 할 빚이 많으면 상속을 포기하거나 빚보다 재산이 많은 경우에만 받겠다고 정할 수도 있습니다. 하지만 이를 위해서는 상속포기나 한정승인과 같은 법적 절차를 잘 지켜야 합니다.

두 번째 이슈는 피상속인(사망한 사람)이 남기는 재산을 누가 가질 것인가의 문제입니다. 이 문제는 상속재산이 많지 않아서 상속세가 나오지 않는 규모라 할지라도 발생할 수 있는 문제입니다.

세 번째 이슈가 세금입니다. 현재 상속세법상 5억 이하의 재산에는 상속세가 과세되지 않습니다. 이 기준이 만들어진 시점에 5억 원은 매우 큰 금액이었습니다. 그러나 물가는 상승하고 세법은 그대로여서, 점점 상속세를 신경 써야 하는 사람들이 늘고 있습니다.

처음 두 가지 이슈는 민법에서 다루고 있으므로 변호사와

상속 받을까? 말까? ➡	변호사		
재산은 누가 가질까? ➡	변호사	세무사	공인회계사
세금은 어떻게 낼까? ➡	세무사	공인회계사	

상담을 해야 합니다. 두 번째와 세 번째 이슈는 세법(상속세 및 증여세법)에서 다루므로 세무사나 상속 전문 공인회계사와 상담하면 됩니다.

정리하자면 민법은 재산 분배와 권리관계를, 상속세법은 세금 부담을 중점으로 다루므로 서로 다른 관점에서 규정되고 있습니다. 따라서 상속의 세법은 세무사와, 권리문제는 변호사와 상의해야 한다는 점을 기억해야 합니다.

집 한 채를 물려받으면 상속세는 얼마?

부모님으로부터 집 한 채를 물려받으면 상속세는 얼마나 될까요? 상속세에서는 배우자 공제가 크기 때문에 어머니가 살아계시는지와 10년 이내 사전 증여자산 여부에 따라 세금이 달라집니다. 상속세의 기본적인 계산 과정은 다음과 같습니다.

상속세 계산 과정

1. 총 상속재산가액 = 상속 개시 시점의 모든 재산(부동산, 금융자산, 기타 재산 등)
2. 과세가액 = 총 상속재산가액 − 비과세·감면 재산(금양임야, 공익법인 출연 재산 등) + 사전 증여재산
3. 상속 공제 = 배우자 공제, 일괄 공제(또는 인적 공제), 금융재산 상속 공제 등
4. 과세표준 = 과세가액 − 상속 공제
5. 산출세액 = 과세표준 × 상속세율(10~50%의 누진세율 적용)
6. 세액공제 = 신고세액공제(3%) 등 적용
7. 최종 상속세 = 산출세액 − 세액공제

집 한 채의 가격이 21억이고, 배우자와 자녀 2명이 상속받는다면(배우자가 법정 상속분만큼 최대로 상속함을 가정), 과세표준은 7억 원(21억 − 배우자 공제 9억 − 일괄 공제 5억)입니다. 여기에 상속세율을 적용해 계산한 산출세액은 1억 5천만 원입니다 (7억 × 30% − 누진공제 6천만 원). 이 금액을 배우자와 두 자녀가 나누어 내면 됩니다.

상속세의 세 가지 제도

내가 사망하면 재산은 누가 가질까: 법정 상속인 제도

재산을 사후에 어떻게 이전할 것인지는 사망하기 전에 스스로 결정할 수 있습니다. 하지만 모든 사람이 이를 정해 두고 죽지는 않기 때문에, 민법에서는 '법정 상속 지분'을 정해 두었습니다. 과거 장남의 상속 지분이 많았던 시절도 있었지만, 지금은 모든 자녀가 성별이나 출생 순서에 상관없이 같은 지분을 가집니다.

배우자는 자녀 1명보다 50% 더 많은 지분을 가집니다. 배우자와 자녀 2명이 상속받는다면, 상속 지분은 배우자가 1.5, 자녀가 각각 1씩 가져서 전체 비율은 1.5:1:1이 됩니다.

법정 상속의 우선순위는 상속을 받을 가족이 여러 명일 때 법에서 정한 순서와 기준에 따라 누가 상속인이 되는지, 누구에게 먼저 상속권이 있는지 정하는 것을 말합니다. 우리나라 민법에서는 배우자, 자녀, 부모, 형제자매 등 가족관계를 기준으로 우선순위를 두고 상속 순위를 결정합니다.

배우자는 직계비속(자녀)이나 직계존속(부모)과 공동으로 상속을 받지만, 다른 친족(형제자매)과는 공동 상속인이 되지 않고 단독으로 상속받습니다. 그러면 법정 상속의 사례를 몇 가지 살펴보겠습니다.

난 생 처 음 세 금 여 행

상속 우선순위

1순위

자녀

배우자

직계비속(자녀와 손자녀등)이 모두 없는 경우 2순위로 넘어감

2순위

부모

배우자

직계존속(부모와 조부모등)이 모두 없는 경우에는 배우자 단독 상속,
배우자도 없으면 3순위로 넘어감

3순위

형제자매

배우자, 직계비속, 직계존속이 모두 없으면 형제자매가 상속

4순위

형제자매도 없다면 4촌 이내 방계 혈족

유언이 있는 경우

사망자가 생전에 유언을 남겼다면, 해당 유언에 따라 상속이 진행됩니다. 유언은 반드시 법적인 요건을 갖추어야 효력이 인정됩니다.

유언이 없고 상속인의 합의가 있는 경우

유언이 없더라도 상속인들이 합의를 통해 재산을 누가 가져갈지, 어떻게 나눌지 결정할 수 있습니다.

유언도 없고 상속인 간 합의도 없는 경우

법정 상속분에 따라 자동으로 상속 지분이 결정됩니다.

<u>사례 1</u> **자녀가 두 명인 홍길동 씨가 사망했을 때**

1) 배우자가 있다면, 배우자와 자녀들이 공동 상속인이 되고 배우자는 자녀 몫의 1.5배를 받습니다.

법정 상속인	배우자	자녀1	자녀2
법정 상속분	3/7	2/7	2/7
재산 7억 원	3억 원	2억 원	2억 원

2) 배우자가 없으면, 자녀들만 공동 상속인이 되고 재산을 균등하게 나눕니다.

법정 상속인	자녀1	자녀2
법정 상속분	1/2	1/2
재산 7억 원	3.5억 원	3.5억 원

사례 2 자녀가 없는 딩크족이 사망한 경우

1) 부모님이 생존해 계신다면, 배우자는 직계존속보다 1.5배
를 받습니다.

법정 상속인	배우자	부	모
법정 상속분	3/7	2/7	2/7
재산 7억 원	3억 원	2억 원	2억 원

2) 부모님이 안 계시면, 배우자가 단독상속인이 됩니다.

3) 부모님과 배우자가 전부 없으면, 형제자매가 상속인이
됩니다. 형제자매가 여러 명이라면 균등하게 나눕니다.

법정 상속인	형제1	형제2
법정 상속분	1/2	1/2
재산 7억 원	3.5억 원	3.5억 원

　이처럼 법정 상속분은 상속인의 관계에 따라 다르게 적용
됩니다. 상속이 발생했을 때 유언이 없으면 상속인들은 합의
를 통해 재산을 분배할 수 있지만, 합의되지 않으면 법에서 정
한 비율대로 나누게 됩니다. 따라서 상속 계획을 미리 세워 두
는 것이 중요합니다.

한 자녀에게 몰아줄 수 있을까: 유류분 제도

　유언으로 재산을 전부 특정인에게 줄 수 있지만, 다른 상속
인도 최소한의 권리는 지킬 수 있습니다. 이를 유류분(遺留分)
제도라고 합니다. 유류분이란 가족이 상속에서 아예 제외되
지 않도록 법에서 최소한으로 보장해 주는 몫을 말합니다. 이
제도는 가족 간 생계를 보호하고, 어느 한쪽이 너무 적게 받지
않도록 하기 위한 장치입니다.

　자녀나 배우자가 상속에서 제외됐다면, 본인이 받을 법정

난 생 처 음 세 금 여 행

상속분의 절반을 유류분으로 돌려달라고 청구할 수 있습니다. 이 권리를 유류분 반환청구권이라고 하며, 상속이 시작된 날(사망일)로부터 10년, 또는 증여 사실을 안 날로부터 1년 안에 행사해야 합니다.

부모님을 평생 모신 자녀가 재산을 더 받을 수 있을까: 기여분 제도

기여분(寄與分)이란 공동 상속인 중에서 피상속인의 재산 유지 또는 증가에 특별히 기여한 사람이 자신의 기여도를 인정받아 추가로 상속재산을 받을 수 있도록 하는 제도입니다. 단순히 가족이라는 이유만으로 받는 상속분이 아니라, 피상속인을 직접 부양하거나 사업을 도와 재산을 불린 경우, 이를 반영하여 더 많은 재산을 받을 수 있도록 하는 것입니다.

기여분이 인정되려면 공동 상속인이어야 하고, 피상속인의 재산 유지 또는 증가에 특별히 기여를 했어야 하며, 공동 상속인 간 협의 또는 법원의 결정이 있어야 합니다.

기여분과 혼동하기 쉬운 개념으로 특별수익(特別受益)이 있습니다. 특별수익은 생전에 피상속인으로부터 재산을 증여받았거나 유증(유언에 의한 증여)받았다면, 이를 상속재산에 포함하여 상속분을 조정하는 개념입니다.

즉, 기여분은 피상속인의 재산을 증가시키거나 유지한 공로를 인정하는 것이고, 특별수익은 생전에 이미 받은 재산이 있는 경우 이를 상속분에서 미리 공제하는 것입니다.

기여분은 민법상 상속재산 권리를 나누는 문제일 뿐이므로, 상속세를 계산할 때 기여분 인정 여부는 영향을 미치지 않습니다.

이것까지 상속세 대상?

상속세를 회피하기 위해 자산을 미리 자녀에게 증여하거나, 거액의 자금을 출금해 금으로 바꾸어 금고에 두거나 하는 등의 방법을 생각해 볼 수 있습니다. 하지만 국세청은 이러한 수단을 막고자 사망하기 전 출금한 금액이 일정 금액 이상이 되면 상속한 것으로 추정하는 등 다양한 방식으로 상속세 회피를 막고 있습니다. 상속세를 계산하는 재산에 추가되는 재산에 대해 알아보겠습니다.

상속재산에 포함되는 사전 증여 자산

피상속인이 사망 전 10년 이내에 상속인에게 재산을 증여했다면, 증여받은 재산은 상속재산에 가산되어 상속세가 부과될 수 있습니다. 또 사망 전 5년 이내에 상속인이 아닌 자에게 재산을 증여했을 때도 상속재산에 가산됩니다. 이러한 사전 증여는 상속세 과세표준을 증가시키며, 상속 공제 한도는 줄이기 때문에 노후에 재산을 증여할 때는 상속세까지 고려해야 합니다.

여기서 상속인이 아닌 자는 법적으로 상속을 받지 않는 사람을 모두 이야기합니다. 예를 들어서 홍길동 씨가 배우자와

두 자녀를 남기고 사망했다면, 상속인이 아닌 자는 손자녀가
될 수 있고, 며느리나 사위가 될 수도 있습니다. 상속세 사례
를 살펴보면 내연녀에게 사전 증여를 한 것 때문에 상속세가
늘어나는 경우도 발생하는데, 내연녀도 상속인이 아닌 자에
해당하기 때문입니다.

생전에 기부한 재산도 5년이 지나지 않았다면, 상속세를
내야 할 수 있습니다. 국가에서 인정한 기관에 기부하는 것은
상속세가 과세되지 않지만, 인정받지 못한 기관에 기부하면
상속세가 부과됩니다.

사망 전 인출한 금액

피상속인이 사망 전에 현금을 인출했거나, 대출을 받았거
나 혹은 자산을 처분했다면 어떨까요? 그 금액이 일정 기준을
초과하면 상속세를 계산할 때 추정상속재산으로 간주될 수
있습니다.

구체적으로 사망 전 1년 이내에 2억 원 이상, 2년 이내에 5억
원 이상의 금액이 인출되거나 대출되었거나 자산이 처분된
경우입니다. 이때 자금의 사용처가 명확하지 않으면 국세청은
이를 상속재산으로 보고 과세할 수 있습니다. 즉 부동산을 매
각했거나 현금을 인출한 후 사용 내역을 입증하지 못하면 상
속세 부담이 늘어날 수 있다는 뜻입니다.

따라서 피상속인이 사망 전 자산을 처분하거나 현금을 사용했다면 용도에 대한 증빙을 철저히 남겨 두어야 합니다.

사망 보험금을 수령한 경우

피상속인의 사망으로 지급되는 보험금은 보험료를 누가 납입했는지에 따라 상속세 과세 여부가 결정됩니다. 사망한 피상속인이 납부한 보험에서 받은 보험금은 상속재산으로 보는 반면, 보험료를 자녀가 납부한 보험에서 나온 사망보험금은 상속세 대상이 되지 않습니다.

만약 종신보험을 아버지가 가입해서 넣다가, 아들이 성인이 되어 경제력이 생긴 이후 계약을 이전했다면 어떻게 될까요? 이럴 때는 보험료를 납입한 비율에 따라 보험금 일부를 상속재산에 합산하여 상속세를 과세합니다.

$$\text{상속재산으로 보는 보험금} = \text{사망보험금} \times \frac{(\text{피상속인이 부담한 보험료의 금액})}{(\text{피상속인의 사망 시까지 납입된 보험료의 합계})}$$

보험금은 민법상은 상속재산에 포함되지 않습니다. 즉 상속 지분을 결정할 때 보험금은 수령한 자의 고유 재산이기 때문에 상속 지분에 따라 나누지 않고 보험금을 수령한 자가 모두 가져갈 수 있습니다. 하지만 상속세를 계산할 때는 합산합니다. 상속포기를 하는 경우라도 보험금은 수령할 수 있습니다.

상속세 절세 포인트

상속세를 줄이려면 상속 공제를 얼마나 잘 활용하느냐가 매우 중요합니다. 다양한 공제 항목이 있지만, 이를 모르고 지나치면 불필요하게 세금을 더 내야 할 때도 있습니다. 또 부동산을 상속받을 때는 상속세뿐만 아니라, 해당 부동산을 매각할 때 발생할 양도소득세까지 고려해 신고 전략을 세워야 합니다. 이 외에도 상속세 신고 시점을 준수하는 것, 부모님의 병원비나 장례비를 잘 챙기는 것으로도 상속세를 줄일 수 있습니다. 지금부터 절세 포인트를 하나씩 살펴보겠습니다.

상속세를 줄여 주는 다양한 상속 공제

상속세에서 공제란 상속받은 재산에서 세금을 계산할 때 일정 금액을 빼 주는 것을 의미합니다. 쉽게 말해 '이만큼은 세금 없이 물려줄 수 있어요'라고 국가가 인정한 혜택인 셈입니다. 이를 통해 상속인이 실제로 내야 할 세금을 줄일 수 있습니다. 대표적으로는 일괄 공제, 배우자 공제, 금융재산 상속 공제 등이 있습니다. 이를 잘 활용하면 상속세 부담을 줄일 수 있습니다.

난 생 처 음 세 금 여 행

일괄 공제

- 상속재산에서 기초 공제(2억 원) 및 기타 인적 공제와 비교하여 최소 5억 원까지 공제해 주는 제도
- 개별적으로 인적 공제를 적용하는 것이 5억 원보다 적다면, 일괄 공제를 선택하는 것이 유리
- 대부분 일괄 공제(5억 원)를 선택하는 것이 간편하고 유리
- 배우자 단독 상속이라면 일괄 공제를 받을 수 없고, 대신 기초 공제(2억 원)와 기타 인적 공제만 가능

배우자 공제

- 배우자가 상속받을 때 일정 금액을 공제해 주는 제도
- 최소 5억 원에서 최대 30억 원까지 공제 가능
- 배우자 법정 상속분에 따라 결정(법정 상속 지분이 배우자 1.5, 자녀 각각 1:1이라면 배우자는 3/7)
- 실제 상속받은 금액이 5억 원 이하라면 5억 원을 공제, 5억 원 초과 30억 원 이하라면 실제 상속받은 금액(법정 상속분을 한도로 함)을 공제, 30억 원 초과라면 최대 30억 원 공제

※ 배우자가 상속받으면 최소 5억 원, 많으면 30억 원까지 공제 가능하므로 배우자가 있으면 상속세 부담이 크게 줄어듭니다.

금융재산 상속 공제

- 피상속인이 보유한 순 금융재산(금융재산-금융채무)에 대해 공제하는 제도
- 순 금융재산 2천만 원 이하 → 전액 공제
- 2천만 원 초과~1억 원 이하 → 2천만 원 공제
- 1억 원 초과~10억 원 이하 → 순 금융재산의 20% 공제
- 10억 원 초과 → 최대 2억 원 공제

추가적인 상속 공제 항목

상속세를 계산할 때 적용할 수 있는 공제 항목에는 가업·영농 상속 공제, 재해손실 공제, 동거주택 상속 공제 등이 있습니다. 각각의 공제는 특정 조건을 충족하는 경우 적용되며, 이를 적절히 활용하면 상속세 부담을 줄일 수 있습니다. 그중 동거주택 상속 공제는 피상속인과 10년 이상 함께 거주한 상속인이 해당 주택을 상속받는 경우, 일정 금액(최대 6억 원)을 공제해 주는 제도입니다.

상속 공제 한도 및 제한

다양한 상속 공제가 있지만, 상속 공제를 받을 수 없는 상속재산이 있습니다. 법정 상속인이 아닌 자(자선단체, 자녀가 살아 있는 상태에서 손자녀, 내연녀 등)에게 사망 5년 이내 남긴 재산이 있다면 해당 금액에 대해서는 상속 공제를 받을 수 없습니

다. 자녀가 상속 포기를 해서 손자녀가 상속을 받는다면, 그 금액 역시 상속 공제 대상에서 제외됩니다. 마지막으로 사전 증여로 상속재산에 합산된 재산이 있다면, 해당 금액에서 증여 공제를 차감한 금액에 대해서는 상속 공제를 받을 수 없습니다.

상속세 신고 시 양도세까지 고려하기

부동산을 상속받을 때 상속세만 고려하고 양도소득세(양도세)는 간과하는 경우가 있습니다. 하지만 향후 해당 부동산을 매각할 계획이 있다면, 양도세까지 계산해서 상속세 신고 전략을 세워야 합니다.

상속받은 부동산의 취득가액 = 상속세 신고가액

상속받은 부동산을 나중에 매각하면, 양도 차익(양도세 과세 대상)이 발생합니다. 이때 상속 당시 신고한 가액이 취득가액이 되므로, 상속세를 낮추기 위해 너무 낮게 신고하면 나중에 양도세 부담이 커질 수 있습니다.

부동산 시가가 10억 원인데, 상속세를 줄이기 위해 7억 원으로 신고했다면 어떨까요? 이 부동산을 향후 12억 원에 매각할 경우, 양도 차익이 5억 원(12억-7억)으로 커집니다. 반면 상

속 신고가액을 10억 원으로 했다면 양도 차익은 2억 원(12억 –
10억)으로 줄어듭니다.

그러므로 부동산을 장기 보유할 계획이라면 상속세 절감
에 초점을 맞추고, 적당한 시기에 매각할 계획이라면 적절한
신고가액을 설정해야 합니다. 이를 위해서는 전문가와 상담해
상속세와 양도세를 모두 고려한 최적의 신고 전략을 수립해
야 합니다.

만약 상속 개시일로부터 6개월 이내에 부동산을 매도한다
면, 상속세 과세표준은 매도가액으로 정해집니다. 상속세를
계산할 때 부동산 평가 원칙은 시가이기 때문입니다. 이때는
양도소득세를 낼 필요가 없습니다.

상속세 부담을 줄이는 방법

상속세는 갑작스럽게 맞닥뜨리게 되는 경우가 많습니다.
그러나 미리 준비하고 관리하면 합법적으로 세금을 줄일 방
법이 있습니다.

제때 신고해서 3% 절약하기(신고세액공제)

상속세는 신고 기한 내에 성실하게 신고하면 신고세액의
3%를 공제해 줍니다. 만약 납부할 상속세가 10억 원이라면,
기한 내 신고만으로 3천만 원을 절약할 수 있다는 거죠. 그러

난 생 처 음 세 금 여 행

니 납부할 돈이 없더라도 일단 신고부터 해야 합니다. 신고만 제때 해도 세금의 3%를 줄일 수 있는 거니까요.

상속세 신고 기한은 상속 개시일(사망일)이 속하는 달의 말일부터 6개월 이내(피상속인이 해외 거주자라면 9개월 이내)입니다. 만약 5월에 사망했다면 11월 말까지 신고해야 합니다.

평상시에 중요한 현금 흐름 기록해 두기

상속세를 계산할 때, 피상속인이 사망 1~2년 전에 계좌에서 큰 금액을 출금하였거나 재산을 처분한 적이 있었는데 그 돈의 사용처를 아무도 모른다면, 그 금액은 상속재산에 포함될 가능성이 큽니다.

따라서 평소에 현금 흐름을 명확하게 기록해 두는 것이 중요합니다. 피상속인의 계좌에서 정기적인 생활비, 용돈, 기부금 등이 빠져나간 내역을 남겨 두면, 상속세를 신고할 때 불필요한 논란을 줄이고 상속재산으로 간주될 가능성을 줄일 수 있습니다. 가족 간 자금의 이체가 있다면 증여로 의심받을 수 있으니, 조금 더 주의를 기울여야 합니다.

가족 간 증여 계획이 있다면, 증여세 신고를 통해 미리 정리해 두는 것이 좋습니다. 증여 신고 없이 자산을 이전하면, 나중에 상속재산으로 간주되어 추가 세금을 부담할 수 있기 때문입니다.

마지막 치료비는 가급적 피상속인 카드로 계산하기

피상속인의 병원비는 피상속인의 재산에서 지출하는 것이 바람직합니다. 병원비는 상속 채무로 인정받을 수 있으며, 이를 통해 상속세를 줄일 수 있기 때문입니다.

만약 자녀들이 부모님의 치료비를 부담했다면, 부모님께 빌려드린 돈이라고 주장해서 상속재산에서 차감할 수 있지만, 인정되지 않을 수도 있습니다.

장례비공제 최대로 받기

상속세를 계산할 때 장례에 소요된 비용은 최대 1,500만 원까지 상속재산에서 공제할 수 있습니다. 장례식장 대여비, 관, 수의, 제단 비용, 화장 또는 매장 비용, 운구 및 장례 절차 비용 등이 포함되니, 영수증이나 장례식장 이용 내역서 등 관련 증빙을 잘 챙겨야 합니다. 장례 비용을 누가 냈는지보다 영수증이 있는지가 중요합니다.

만약 지출 증빙이 없어도 최소 500만 원까지 공제되고, 실제 경비가 추가로 들었다면 영수증을 첨부해서 1천만 원까지 공제가 가능합니다. 봉안 시설이나 자연 장지에 소요된 금액 역시 지출 증빙을 갖추면 500만 원까지 추가로 공제됩니다.

상속세 개편, 궁금증 해결!

상속세는 1950년에 처음 도입된 이후 75년 동안 큰 틀의 변화 없이 유지됐으나, 최근 상속세 제도를 바꿔야 한다는 공감대가 커지고 있습니다. 배우자에게 재산을 물려줄 때 세금을 매기는 지금의 방식이 시대에 맞지 않는다는 것입니다. 배우자는 가정의 동반자인데, 남편이나 아내가 세상을 떠난 뒤에도 살아가는 데 필요한 자산을 세금 없이 물려받을 수 있어야 한다는 목소리가 높아지고 있습니다.

현재 법에서는 배우자가 상속받을 때 최소 5억 원은 세금이 면제되는데, 1950년대와 비교하면 물가가 많이 올랐습니다. 그래서 이 정도 공제로는 부족하다는 의견이 많고, 자연스럽게 상속세 공제 금액을 늘리고, 시대에 맞게 고치자는 움직임이 일어나고 있습니다.

이런 흐름 속에서 2025년 3월 12일, 정부는 상속세 전면 개편안을 발표했습니다. 핵심은 지금처럼 '전체 유산'에 세금을 매기는 방식(유산세)에서 '각자가 받은 재산'에 세금을 매기는 방식(유산취득세)으로 바꾸는 것입니다. 이렇게 상속세의 틀이 바뀌면, 국민이 체감하는 세금 부담도 크게 달라질 수 있습니다.

Q 유산취득세로 바뀌면 누가 유리한가요?

A 상속받는 사람이 실제로 받는 재산을 기준으로 세금을 매기는 것으로, 현행 증여세와 같은 방식입니다. 따라서 상속인이 많을수록, 각 상속인이 받는 재산이 적을수록 세금이 줄어드는 효과가 있습니다. 특히 자녀가 많거나 배우자와 함께 상속을 받는다면, 현재의 유산세 방식보다 상속세 부담이 줄어들 수 있습니다.

ⓠ 유산취득세로 바뀌면 어떻게 달라지나요?

Ⓐ 현재의 유산세 방식은 만약 15억 원의 유산을 남겼다면 전체 15억 원에 대해 세금을 매기는 방식입니다. 유산취득세로 바뀐다면, 15억 원의 재산을 세 자녀가 각각 5억 원씩 상속받았을 때 각 자녀가 받은 5억 원에 대해서만 세금을 냅니다.

ⓠ 상속세가 개편되면 세금이 얼마나 줄어들까요?

Ⓐ 기획재정부 관계자는 유산취득세로 전환하면 상속세 과세 인원이 절반 이하로 줄어들 것이라고 밝혔습니다. 구체적인 상속세 부담은 상속인의 수와 구조에 따라 달라집니다.

    ✅ **일괄 공제 5억 원 폐지** → 자녀 1인당 최소 5억 원 공제

    ✅ **형제자매 공제 5억 원** → 2억 원으로 축소

    ✅ **배우자 공제 확대** → 10억 원 이하 상속 시 세금 없음(배우자 공제 30억 한도 유지)

ⓠ 언제부터 시행되나요?

Ⓐ 관련 법률안은 2025년 5월 국회에 제출할 계획입니다. 2025년 중으로 입법이 이루어진다면 약 2년간의 과세 시스템 구축을 거쳐 2028년부터 시행될 것으로 보입니다.

증여세

　자녀에게 자산을 이전할 때 상속이 유리할지, 증여가 유리할지, 혹은 양도가 더 나을지 고민할 수 있습니다. 증여세의 공제 한도가 상속세보다 작기 때문에, 개별 자산만 놓고 보면 증여세 부담이 상대적으로 크게 느껴지기도 합니다. 특히 양도한다면 자산을 매각해 세금을 낼 재원이 확보되지만, 증여받은 부동산은 별도의 현금 마련이 필요하므로 증여세 부담이 더욱 크게 다가올 수 있습니다. 그러나 더 큰 관점에서 바라보면, 증여를 전략적으로 활용해 가계 전체의 세금 부담을 줄이는 효과를 얻을 수도 있습니다.

　이제부터 증여세의 기본적인 계산 구조를 이해해 볼까요? 그리고 자녀에게 세금 없이 증여할 수 있는 한도를 최대한 활용하기 위한 증여재산 공제와 구체적인 적용 사례도 살펴보겠습니다.

증여세, 어떻게 계산할까?

증여세는 증여받은 날이 속하는 달의 말일부터 3개월 이내에 신고해야 합니다. 기한 내에 신고하면 세액공제(3%) 혜택을 받지만, 신고하지 않으면 가산세가 부과될 수 있습니다.

만약 수증자가 미성년자이거나 세금을 낼 능력이 없는 경우, 증여자가 대신 세금을 납부할 수도 있습니다. 하지만 이 경우에 증여자가 대신 낸 세금도 추가 증여로 간주됩니다.

증여세를 계산하는 과정은 다음과 같습니다.

증여세율표(2024년 기준)

과세표준(증여재산-공제액)	세율	누진공제액
1억 원 이하	10%	-
5억 원 이하	20%	1천만 원
10억 원 이하	30%	6천만 원
30억 원 이하	40%	1억 6천만 원
30억 원 초과	50%	4억 6천만 원

1단계) 증여재산 가액 계산 증여받은 재산 평가액 산정(모든 평가의 원칙은 시가)

2단계) 증여재산 공제 적용 공제 가능 금액 차감

3단계) 과세표준 산정 증여세율 적용 금액 계산

4단계) 세율 적용 후 세액 산출 증여세액 산출

5단계) 세액공제 적용 최종 납부 증여세 결정

그러면 부모가 성인 자녀에게 증여한 경우, 증여세를 계산해 보겠습니다. 홍길동 씨가 자녀 홍동이 씨(23세)에게 1억 원과 10억 원을 증여한다면, 각각 증여세는 얼마가 부과될까요?

1억 원 증여 시 증여세 계산

· 증여재산 가액: 1억 원

· 증여재산 공제: ─ 5천만 원(성인 직계비속 공제)

· 과세표준: 5천만 원

· 세율 적용: 5천만 원 × 10% = 500만 원

10억 원 증여 시 증여세 계산

· 증여재산 가액: 10억 원

· 증여재산 공제: ─ 5천만 원

· 과세표준: 9억 5천만 원

· 세율 적용:

　1억 원까지 10% = 1,000만 원

　5억 원까지 20% = (5억 ─ 1억) × 20% = 8,000만 원

　나머지 4억 5천만 원(9.5억 ─ 5억) × 30% = 1억 3,500만 원

　합계: 1,000만 + 8,000만 + 1억 3,500만 원 = 2억 2,500만 원

※ 누진공제를 활용하기: 9.5억 × 30% ─ 6,000만 원(누진공제) = 2억 2,500만 원

증여세를 줄여 주는 공제와 비과세 증여

증여재산 공제

증여세는 모든 증여에 대해 과세되는 것이 아니라 일정 금액까지 공제받을 수 있는데, 이 금액을 증여재산 공제라고 합니다.

배우자	10년간 6억 원까지 공제
직계존속(부모 등)	성인은 10년간 5천만 원 미성년자는 10년간 2천만 원까지 공제
직계비속(자녀, 손자녀 등)	10년간 5천만 원까지 공제
기타 친족(며느리, 사위, 형제 등)	10년간 1천만 원까지 공제

부모가 성인 자녀에게 4천만 원을 증여하면 5천만 원 공제 한도 내이므로 증여세가 부과되지 않습니다. 하지만 1억 원을 증여하면 공제 후 5천만 원에 대해 세금을 내야 합니다.

한편 증여세에서의 성인은 만 19세를 의미합니다. 우리가 연말정산에서 부양가족 여부를 결정할 때의 20세와는 다르므로 주의해야 합니다.

난 생 처 음 세 금 여 행

혼인 및 출산 증여재산 공제 1억 원

2024년부터 결혼, 출산, 입양 시 최대 1억 원까지 증여세가 공제됩니다. 기존 직계존속 증여세 공제 5천만 원과 합쳐 최대 1억 5천만 원까지 비과세가 가능합니다.

결혼과 출산 및 입양이 여러 번이라 해도 10년간 합산해 최대 1억 원까지만 공제되며, 해당 이벤트 전후 2년(총 4년) 동안 받은 금액을 기준으로 합니다. 혼인은 혼인신고일이 기준이며, 증여 이후 2년 내 혼인신고를 하지 않으면 세금이 부과됩니다.

증여받은 사람은 증여일이 속한 달 말일부터 3개월 이내에 홈택스나 세무대리인을 통해 신고해야 하며, 필요한 서류는 다음과 같습니다.

- 가족관계를 증명할 수 있는 서류
- 증여받은 통장 사본
- 해당 통장으로 계좌 이체된 내역
- 증여 사실을 입증할 수 있는 계약서

과거에는 결혼하는 자녀에게 부모가 재정적인 지원을 하더라도 증여세 신고를 잘 하지 않았습니다. 비과세 규정은 없었지만, 국세청 내부 지침에 따라 일정 금액은 관행적으로 용인됐기 때문입니다. 그러나 혼인 및 출산 증여재산 공제가 법으로 신설되면서 기준이 명확해졌으므로, 이제는 해당 기준에 따라 증여세를 신고하는 것이 바람직합니다. 신고하지 않으면 추후 세무 조사에서 가산세가 부과될 수 있으니 주의해야 합니다.

배우자 증여

배우자에게는 10년간 최대 6억 원까지 증여세 없이 증여할 수 있습니다. 만약 7억 원을 증여하면, 1억 원에 대해서만 증여세가 부과됩니다. 하지만 10년 내 증여한 금액이 있다면, 모두 합산해 6억 원을 적용합니다. 7억 원을 증여하기 9년 전에 증여한 1억 원이 있다면, 총 2억 원(7억 + 1억 − 6억)에 대해 증여세를 내야 합니다.

난생처음 세금 여행

이럴 때도 증여세를 낸다고?

증여추정(간접적으로 증여로 의심되는 경우)

특정한 거래나 재산 증가가 합리적으로 설명되지 않을 때 국세청이 이를 증여로 간주할 가능성이 있습니다. 이때는 납세자가 증여가 아니라는 것을 입증해야 합니다.

30대 초반의 직장인 A 씨가 현금 10억 원으로 강남 아파트를 매입했습니다. 그런데 A 씨의 소득이나 자산 규모를 봤을 때 10억 원을 마련할 만한 소득원이 없다고 확인되면, 국세청은 이 돈이 부모에게 받은 것이라 보고 증여로 추정할 수 있습니다. 하지만 A 씨가 '부모님에게 이자를 주기로 약정하고 정식으로 빌린 돈'이라거나, '투자 수익으로 모은 돈'이라는 증빙을 제출하면, 증여가 아니라는 것을 인정받을 수 있습니다. 즉, 증여추정은 납세자가 해명하면 번복될 여지가 있습니다.

증여의제(법에서 아예 증여로 정한 경우)

증여의제는 법에서 정한 특정한 거래는 무조건 증여로 본다는 개념입니다. 해명과 상관없이 세법상 증여로 간주합니다.

세금 신고를 누락하려고 직원 명의로 매출 대금을 받았다면 해당 자금은 명의신탁에 해당하고, 증여의제 규정에 의해 실제 직원에게 준 것이 아니라고 해도 증여세가 부과됩니다.
이때 증여세는 직원이 아닌 명의신탁자가 내야 합니다.

난 생 처 음 세 금 여 행

신탁 활용하기

자녀가 직접 재산을 관리하기 어렵거나, 한 번에 많은 재산을 증여하면 세금 부담이 클 경우, 신탁을 활용한 방법이 효과적일 수 있습니다. 부모가 자산(현금, 부동산, 주식 등)을 신탁회사에 맡기고 자녀를 수익자로 지정하여, 필요한 시점에 일정 금액을 지급받도록 설정하는 것입니다.

신탁 활용의 장점은 증여세를 한 번에 부담하는 대신, 자녀가 수익을 받을 때마다 증여세를 납부하여 세금을 분산할 수 있다는 점입니다. 또 자녀가 직접 자산을 관리할 필요 없이, 부모가 원하는 방식으로 자산을 운용할 수 있습니다.

적립식 증여

은행이나 증권사의 연금저축계좌 또는 펀드를 통해 증여할 수 있습니다. 자녀 명의로 연금저축계좌나 펀드를 개설하고, 일정 금액을 정기적으로 납입하는 방식입니다.

그런데 일정 금액을 정기적으로 증여하고 싶을 때는 매번 증여세를 신고해야 하는 불편함이 따릅니다. 매월 100만 원씩 자녀 명의의 적금이나 미국 주식계좌에 입금할 때, 원칙적으로 매달 증여가 발생한 것으로 봅니다. 따라서 증여세 한도를 초과했다면, 초과 입금 후 3개월 이내마다 증여세를 신고해야 합니다. 신고하지 않으면 나중에 자녀가 그 돈을 사용할 때 전체 금액(이자나 수익 포함)에 증여세가 과세될 수 있습니다. 증여세 비과세 한도는 미성년 자녀의 경우 10년간 최대 2천만 원, 성인 자녀는 5천만 원입니다.

하지만 '유기정기금 평가 방식'을 활용하면 단 한 번의 증여세 신고로 이 과정을 간소화하고, 세금도 줄일 수 있습니다. 이 방식은 일정 기간 정기적으로 자녀에게 줄 금액을 현재 가치로 할인해 증여재산으로 계산합니다. 부모가 자녀 명의의 적립식 펀드를 개설하고, 매년 600만 원씩 10년간 납입하기로 약정했습니다. 이때 총납입액은 6천만 원이지만, 유기정기금 평가 방식을 적용하면 현재 가치로 환산된 증여재산 가액은 약 5,271만 6,654원으로 산정됩니다. 이 경우 최초 입금한 날을 증여일로 보고, 그달 말일부터 3개월 안에 한 번만 증여세를 신고하면 됩니다.

주의할 점도 있습니다. 만약 중간에 약정이 깨지거나 금융 상품을 해지하더라도, 이미 납부한 증여세는 환급되지 않습니다. 따라서 사전에 자녀와 약정서를 작성하고 자금 계획을 잘 세워야 합니다.

보험사 연금상품을 통한 증여

연금보험은 일정 요건을 충족하면 연금 수령 시 이자소득세(15.4%)가 면제되는 금융상품입니다. 부모가 자녀 명의로 연금보험에 가입하고, 장기적으로 운영하면 자녀가 향후 이자에 대한 세금 부담 없이 연금을 받을 수 있습니다. 연금보험의 비과세 요건은 10년 이상 유지, 월 연금 수령액 150만 원 이하 또는 일시금으로 1억 원 이하 인출입니다.

연금보험이나 저축보험과 같은 보험상품은 증여 시기가 보험료 납부 시점이 아니라 만기 수령 시점입니다. 이 점이 다른 금융상품과 다른 부분이니 꼭 기억해 두어야 합니다. 연금 수령의 미래 가치가 커지면 증여재산 공제 이하로 보험료를 대신 내주었다고 해도, 연금을 수령할 때 증여세를 납부할 수 있습니다. 이는 보험상품에만 특별히 적용되는 증여세 시기에 관한 규정(상속세 및 증여세법 제 34조)이라, 보험료 납부 시점을 증여 시점으로 잘못 알고 있는 경우가 많기 때문에 더욱 주의해야 합니다.

증여 순서에 따라 달라지는 증여세

할아버지와 아버지가 각각 증여할 때, 증여 순서에 따라 증여세가 달라질 수 있습니다. 이는 증여재산 공제와 세대생략 증여 할증세율의 적용 방식 때문입니다.

<u>사례 1</u> **할아버지가 먼저 증여한 경우**

할아버지가 먼저 5천만 원을 증여하고, 이후 아버지가 같은 금액을 증여했습니다.

1. 5천만 원은 증여재산 공제 한도 내에 있으므로 증여세가 없습니다.

2. 이미 5천만 원의 공제를 사용했기 때문에, 추가로 받은 5천만 원에 대해 10% 세율이 적용됩니다. 따라서 증여세는 500만 원입니다.

총증여세: 500만 원

<u>사례 2</u> **아버지가 먼저 증여한 경우**

아버지가 먼저 5천만 원을 증여하고, 이후 할아버지가 같은 금액을 증여했습니다.

1. 5천만 원은 증여재산공제 한도 내에 있으므로 증여세가 없습니다.

2. 할아버지 ➡ 손주

이미 공제를 사용했기 때문에, 추가로 받은 5천만 원에 대해
세대생략증여 할증세율(30%)이 적용됩니다. 따라서 세율이 기존보다 높아져
증여세는 약 650만 원입니다.

총증여세: 약 650만 원

이처럼 순서에 따라 증여세가 달라지는 이유는 직계존속
(부모나 조부모)으로부터 받는 재산은 성인의 경우 각각 최대
5천만 원까지 공제가 가능하지만, 동일한 직계존속 그룹에서
공제를 중복으로 사용할 수 없기 때문입니다. 또 조부모가 자
녀를 건너뛰고 손자에게 직접 증여하면 세율이 기존보다 높
아지기 때문에 조부모의 공제를 먼저 활용하는 것이 절세에
유리합니다.

상속과 증여 FAQ

Q 100억을 물려주면 세금이 50억인가요?

상속세 최고 세율이 50%라고 해서 전 재산의 50%를 세금으로 가져가는 것은 아닙니다. 각종 공제를 차감해야 하고, 세율도 구간별로 10~50%까지 다르게 적용되기 때문입니다. 배우자와 자녀 2명에게 100억을 물려주는 경우 상속세는 약 28억 정도지만, 배우자가 없이 자녀 2명에게만 상속한다면 약 43억 원 정도의 상속세가 부과됩니다.

※ 자산의 구성 및 사전 증여 여부 등에 따라 정확한 상속세는 개인별로 달라집니다.

Q 사망자의 예금을 인출할 때 주의해야 할 것은 무엇인가요?

A 김 모 씨는 아버지의 사망 후 지인으로부터 통장의 돈을 사망신고 전에 미리 빼 두라는 조언을 받았습니다. 사망신고를 하면 상속인이 모두 은행에 같이 가거나, 위임장을 지참해야만 은행에서 사망자의 돈을 인출해 주기 때문에 번거롭다는 이유였습니다.

하지만 망인의 돈을 임의로 상속인 중 한 명이 출금하면 법적인 문제가 발생할 수 있습니다. 만약 아버지에게 예금보다 큰 금액의 빚이 있다면, 출금하는 순간 그 빚까지 떠안게 될 수도 있습니다. 또 다른 상속인이 이의를 제기한다면, 사문서 위조 등의 사유로 형사 처벌 대상이 될 수 있습니다.

Q B 씨는 부모님이 사망하신 후 가족 간 합의로 동생에게 본인의 상속분을 넘겼습니다. 이 경우 상속세 외 증여세를 추가로 내야 할까요?

A 상속세 신고 기한(일반적으로 상속 개시일이 속하는 달의 말일부터 6개월) 이내에 이루어진다면 증여세 대상이 되지 않습니다.

Q 혼인신고를 하지 않은 배우자(사실혼)도 상속을 받을 수 있나요?

A 받을 수 없습니다. 민법상 상속인을 법률상 배우자로 정하고 있기 때문입니다. 만약 사망자에게 상속권을 주장할 수 있는 사람이 없다면, 당시 생계를 함께하고 있는 사람, 간호를 한 사람, 특별히 연고가 있는 사람이 상속분을 청구할 수 있습니다. 원칙적으로 상속자가 없는 재산은 국고에 귀속됩니다.

Q 상속세가 0원이라도 신고해야 해요?

A 부동산을 상속받을 때 상속세 신고를 하는 것이 향후 양도소득세 절세에 도움이 될 수 있습니다. 상속세 신고를 하지 않으면 취득가액이 공시 가격으로 설정되는데, 이는 시가보다 낮아 양도 차익이 커지고 양도세가 늘어날 수 있습니다. 반면 상속세를 신고하면서 부동산을 시가로 신고하면, 양도세를 계산할 때 양도 차익을 줄여 양도세를 절감할 수 있습니다. 부동산을 시가로 평가하면서 추가 상속세가 나온다면, 향후 절세할 수 있는 양도세와 비교해서 판단해야 할 것입니다.

Q 딩크족입니다. 배우자가 사망하면 10억까지 세금 없이 받을 수 있나요?

A 자녀 없는 부부 중 한 명이 사망하면서 재산을 남길 때, 상속세를 내지 않아도 되는 금액은 7억 원입니다. 일괄 공제 5억 원은 자녀가 있는 경우에만 적용됩니다.

Q 미국에 사는 부모님의 재산을 상속받을 때도 일괄 공제 5억 원이 적용되나요?

A 일괄 공제, 배우자 공제 등의 상속 공제는 세법상 거주자에게만 주어지는 혜택입니다. 미국에 산다면 비거주자로 보아 기초 공제 2억 원만 공제됩니다. 세율은 동일합니다.

Q 종신보험에 가입하면 상속세가 절세되나요?

A 종신보험 가입이 상속세를 줄여 주지는 않습니다. 다만 부동산 자산을 상속받았을 때 상속세를 납부할 현금을 확보할 수 있다는 장점이 있습니다. 현금이 없다면 대출을 받거나 부동산을 싸게 팔아야 하는 등 세금을 내기 위한 추가 비용이 발생할 수 있습니다.

예를 들어 아버지를 피보험자로 하고 보험료는 자녀가 납입하는 경우에 상속세는 늘어나지 않습니다. 보험료가 매달 나가는 대신, 상속이 발생했을 때 보험금을 수령해서 상속세를 낼 수 있다는 장점이 있습니다. 하지만 자녀의 금융재산 상황, 보험료 납입 능력, 아버지 사망 시까지 불입해야 하는 보험료 부담 등을 종합적으로 고려해서 판단할 문제입니다. 만약 아버지를 피보험자로 하고 보험료도 아버지가 납입한다면, 보험금만큼 상속세를 내야 할 재산이 늘어나기 때문에 이를 추가로 고려해야 합니다.

종신보험이 상속세 재원을 마련하는 데 도움이 되려면 부모님을 피보험자, 본인을 계약자와 수익자로 하는 종신보험을 가입하고, 해당 보험료를 본인이 납부해야 합니다.

: 증여

Q 할아버지가 대신 내주는 학비도 증여세 대상인가요?

A 부모가 경제적 자립이 어려운 자녀에게 교육비를 지원하는 것은 일반적
으로 증여세가 부과되지 않습니다. 이는 부모의 부양 의무에 해당하기 때
문입니다. 그러나 최근 교육비를 빌미로 자녀에게 자산을 이전하는 사례가
늘어나고 있습니다. 이에 따라 국세청은 단순한 생활비나 학비 지원을 넘
어 부모가 자녀에게 재산을 증식할 기회를 제공했는지 자세히 조사하고 있
습니다. 특히 부동산을 매입하거나 고액의 주식 투자에 사용했다면 증여로
해석될 가능성이 커집니다.

만약 교육비로 받은 돈을 학비 납부 전까지 단기 투자로 운용했다가 이익
을 얻었다면, 세무 당국이 이를 증여로 간주할 가능성이 있습니다. 원래 목
적과 다르게 사용된 돈이 투자 수익을 발생시켰다면, 교육비 지원이 아닌
재산 이전으로 판단될 수 있기 때문입니다. 일정 금액 이상의 이익이 발생
하면 추가적인 증여세 부담이 생길 수 있으니 주의해야 합니다.

따라서 교육비나 생활비로 받은 금액은 해당 용도로 사용했음을 증빙할 자
료를 보관해야 합니다.

Q 아이가 만18세에 2천만 원을 증여하고, 다시 성인이 된 만 19세에 5천만 원을
증여해도 증여세가 비과세되나요?

A 그렇지 않습니다. 증여세를 계산할 때 과거 10년간 증여액은 모두 합산
해 계산하기 때문에 18세 시점에는 증여가액 2천만 원에 미성년자 증여
공제 2천만 원을 적용하면 증여세를 납부하지 않아도 됩니다. 그런데 만
19세가 되어 다시 5천만 원을 증여했다면 10년간 받을 수 있는 5천만 원의
증여 공제 중에서 18세 시점에 받은 2천만 원을 차감한 3천만 원을 공제받

을 수 있습니다. 즉 추가로 증여한 2천만 원에는 증여세를 내야 합니다.

한편 18세에 증여했으니, 10년 후인 28세가 되어야 5천만 원을 세금 없이 증여할 수 있다고 오해하곤 합니다. 그런데 증여재산 공제는 무조건 10년 단위로 발생하는 것이 아니라 증여 시점부터 10년간 받을 수 있는 한도를 설정해 둔 것입니다.

Q 전세 자금을 부모님이 지원해 주셨다면, 증여세를 내야 하나요?

A 교육비는 부모의 부양 의무 범위 내에서 지원할 수 있어 비교적 자유롭지만, 전세 자금이나 주택 구입 자금은 증여세 부과 가능성이 큽니다. 증여세 공제 한도인 5천만 원 이내에서 지원하거나, 부모님의 이름으로 계약하고 전세 만료 후 부모님이 회수하는 것으로 계약하면 증여세를 내지 않아도 됩니다. 다만 전세 금액이 2억 원을 넘으면 무상대여로 보아 증여세가 부과될 수 있습니다.

Q 증여 신고를 하지 않으면 어떻게 되나요?

A 당장은 아무 일도 벌어지지 않지만, 향후 다양한 이유로 세무조사를 받거나(예를 들어 상속의 발생이나 사업상 세무 조사), 증여 사실이 밝혀지면 가산세까지 추가로 내야 합니다. 소득세 신고를 통해 벌어들인 돈보다 큰 금액의 부동산을 구입해도 자금 출처 조사를 통해 증여가 밝혀질 수 있습니다.

Q 세뱃돈도 증여인가요?

A 사회 통념 수준의 세뱃돈은 증여로 보지 않습니다.

Q 결혼 축의금도 증여세 내나요?

A 사회 통념상 인정되는 범위 내에서는 증여세가 부과되지 않으므로, 일반

적인 수준의 축의금은 과세 대상이 아닙니다.

하지만 축의금이 누구에게 귀속되느냐에 따라 과세 여부가 달라집니다. 신랑, 신부에게 직접 전달된 축의금은 그들에게 귀속되므로 증여세가 부과되지 않습니다. 그러나 부모(혼주)에게 전달된 축의금을 자녀에게 준다면 증여세가 부과될 수 있습니다.

Q 부모님에게 무이자로 돈을 빌리면 증여세를 내야 하나요?

A 무상 금전 대출에 대한 증여세 규정에 따라 일정 금액까지는 증여세가 부과되지 않습니다. 빌린 금액에 적정 이자율(2024년 4.6%)을 적용해 계산한 연간 이자액이 1천만 원을 초과하면 증여세가 부과되고, 1천만 원 미만이면 증여세가 부과되지 않습니다. 이에 따라 계산하면 약 2억 1,700만 원까지는 무이자로 대출해도 증여세가 부과되지 않습니다. 이는 연 이자율 4.6%를 적용했을 때 연간 이자액이 1천만 원 미만이기 때문입니다. 이 금액을 초과해서 무이자로 자금을 대여한다면, 이자를 덜 낸 만큼만 증여받은 것으로 봅니다.

또 부모가 자식에게 준 돈이 빌려준 돈이라는 것을 입증하지 못하면 증여로 추정될 수 있습니다. 증여가 아니라 갚을 의무가 있는 돈이라는 것을 입증하려면, 차용증을 작성하고 이자 지급 내역을 보관하는 게 좋습니다. 이자는 자동이체 등을 통해 기록을 남기고, 차용증은 발생한 날짜를 확인할 수 있도록 공증을 받아 두는 것이 안전합니다. 이를 통해 금전소비대차계약으로 인정받아야만 전체 자금에 대한 증여세를 피할 수 있습니다.

Q 부모님 집에 월세를 내지 않고 무상으로 거주한다면 증여세를 내나요?

A 부동산 무상 임대로 인한 이익이 일정 금액을 초과하면 부과될 수 있습니다. 시가 13억 원 정도의 주택에 자녀가 무상으로 거주하면 부동산 무상

사용 이익이 1억 원 미만으로 계산되므로 증여세가 부과되지 않습니다.

Q 부모님에게 아파트를 싸게 샀는데 증여세를 내야 하나요?

A 부모가 자녀에게 아파트를 저가로 양도하면, 자녀가 혜택을 보기 때문에 증여세를 내야 할 수 있습니다. 반대로 부모가 자녀의 주택을 고가에 매수하는 경우에도, 자녀는 증여세를 내야 할 수 있습니다.

일반적으로 시가의 70% 이상 가격으로 거래해야 하고, 시가와의 차이가 3억을 넘지 않아야 합니다. 국세청은 시가보다 30% 이상 저렴한 가격(또는 3억 원 이상 차이 나는 경우)에 거래하면 이를 증여로 간주하고 증여세를 부과합니다.

Q 해외에 있는 부동산을 자녀에게 증여하면 증여세가 나올까요?

A 거주자의 재산을 자녀에게 증여한다면, 해당 자산이 해외에 있더라도 증여세를 부과합니다. 이때 증여세 신고와 납부는 증여자가 해야 합니다.

예를 들어 한국에 사는 어머니가 미국에 있는 딸에게 미국 아파트를 증여할 때 증여자인 어머니가 대한민국 국세청에 증여세를 신고하고 납부해야합니다. 해외에서 딸이 납부한 증여세가 있다면, 이 금액만큼 우리나라 증여세에서 차감해 줍니다.

Q 증여를 했다가 신고하지 않고 다시 돌려받아도 세금을 내나요?

A 때에 따라 반환받는 금액까지 증여세가 부과될 수 있습니다. 증여한 후 반환받는다면 일반적으로 원래 증여가 무효라는 것이 입증되지 않으면, 새로운 증여로 간주되어 세금 문제가 발생할 수 있습니다.

난 생 처 음 세 금 여 행

Q 미성년 자녀에게 매달 100만 원씩 해외 주식을 사 주려고 합니다. 증여세 신고를 언제, 어떻게 해야 할까요?

A 목돈을 미리 줄 수 있다면 아이의 일반예금 통장에 목돈을 이체하면서 증여세를 신고합니다. 이후 아이 통장에서 주식계좌로 이체하여 적립식으로 투자를 이어 갈 수 있습니다.

목돈이 없거나 조금 더 할인된 금액으로 증여세를 신고하고 싶다면 유기정기금 평가 방식 → 313쪽 적립식 증여을 활용해서 증여세를 신고하면 됩니다. 앞으로의 자동이체 신청 내역 및 유기정기금 평가 자료를 첨부해 홈택스에서 신고하면 됩니다. 이때 로그인은 자녀 명의로 해야 합니다.

Q 부모님께 5천만 원을 증여받았습니다. 앞으로 부모님에게 1만 원이라도 더 받으면 증여세를 내야 하나요?

A 증여 공제 차감 후 50만 원까지는 증여세가 과세되지 않습니다. 5천만 원의 증여가 일어난 이후라도 원칙적으로 50만 원까지는 증여세를 내지 않아도 적법합니다.

Q 공동명의가 양도소득세에 유리하다고 하던데, 단독 명의를 공동명의로 변경하는 것도 증여세가 부과되나요?

A 6억 원을 초과하면 증여세가 발생합니다. 12억 원짜리 집을 100% 남편 명의에서 50:50으로 변경하면, 배우자에게 6억 원을 증여한 것으로 간주해 공제 한도(6억 원) 내에서는 증여세가 없습니다.

Q 만약 주식을 배우자에게 증여한 후에도 남편(또는 아내)이 계속 그 재산을 관리하면 문제가 될까요?

A 세법은 실질주의이기 때문에 배우자 증여 후에도 기존 소유자가 계속 관

리하고 주식에서 나온 수익금을 사용한다면, 국세청에서 가짜 증여(증여무효)로 판단할 가능성이 있습니다. 이때 차명계좌의 문제가 발생합니다. 차명계좌는 주로 양도세 회피, 증여세 회피, 금융소득 분산, 재산 은닉 등의 목적으로 사용되기 때문에, 차명계좌로 판명되는 것에는 많은 불이익이 따릅니다.

차명 계좌로 밝혀지면, 이로써 줄어든 세금에 가산세까지 부과해 추가 세금을 납부해야 합니다. 차명계좌를 이용한 세금 회피에 고의성이 있다고 판단하면 조세 포탈죄가 적용될 수 있으며, 추가로 금융실명법 위반에 따른 과징금까지 부과될 수 있습니다.

한편 실질적으로 증여가 아니라 내 돈을 남에게 맡겨 둔 것일 뿐(명의신탁)이라고 증여세를 내지 않는 것은 아닙니다. 법에서는 명의신탁에도 증여세를 과세하고 있습니다.

Q 배우자에게 증여한 후 상속이 발생하면 어떻게 되나요?

A 증여한 지 10년 이내에 배우자가 사망하면, 증여된 재산은 상속재산에 포함되어 다시 상속세 계산 대상이 됩니다.

Q 배우자에게 생활비를 주면, 그 돈도 증여세 대상 금액에 포함되나요?

A 사회 통념상 인정되는 피부양자의 생활비는 증여세가 과세되지 않습니다. 그런데 얼마까지 생활비로 인정되는지는 개인 상황에 따라 다르므로 금액 기준을 정할 수 없습니다. 중요한 것은 공동 생활비로 받은 돈을 다 쓰면 금액에 무관하게 증여세 과세 대상이 아니지만, 생활비 명목으로 받았더라도 이를 남겨서 자산을 형성하면 그 부분은 증여세 과세 대상이 될 수 있다는 것입니다.

가상자산과 세금

가상자산도 자산으로 볼 수 있을까?

돈이란 무엇일까요? 인간이 교환이라는 개념을 발전시키면서 처음에는 조개껍데기나 돌로 물건을 사고팔았습니다. 차츰 금과 은 같은 귀금속이 돈의 역할을 하게 됐습니다. 그러나 금속을 들고 다니기가 불편해면서 은행이 등장했고, 지폐라는 개념이 탄생했습니다. 시간이지나면서 카드가 등장했고, 지금은 클릭 한 번으로 모든 거래가 이루어지는 시대입니다. 그 연장선에서 비트코인과 같은 가상자산이 등장한 것은 어쩌면 자연스러운 흐름인지도 모릅니다.

하지만 가상자산은 기존의 돈과는 성격이 다릅니다. 법정화폐는 국가가 보증하는 가치가 있지만, 가상자산은 중앙은행이 존재하지 않으며, 신뢰를 보장하는 기관도 없습니다. 블록체인 기술과 투자자들의 믿음이 그 가치를 지탱하고 있을 뿐입니다. 그렇다면 가상자산을 과연 자산으로 볼 수 있을까요?

경제학자들 사이에서도 가상자산의 정체성에 대한 논쟁이 계속되고 있습니다. 전통적인 경제학자들은 가상자산이 내재 가치가 없으며, 단순히 투기적인 수단에 불과하다고 주장합니다. 워런 버핏은 "비트코인은 쥐약과도 같다"라고 비판했고, 노벨 경제학상 수상자인 폴 크루그먼 역시 비트코인을 거품으로 간주했습니다. 반면 새로운 기술에 긍정적인 시각을 가진 전문가들은 가상자산이 미래 금융의 중요한 요소라고 봅니다. 특히 젊은 투자자 사이에서는 가상자산이 '디지털 금'이라는 인식이 퍼지고 있으며, 탈중앙화된 경제 시스템의 상징으로 받아들여지고 있습니다.

세금의 기본 원칙은 명확합니다. 소득이 있는 곳에 세금이 있다는 것입니다. 주식이든 부동산이든, 돈을 벌면 세금을 내야 합니다. 가상자산도 마찬가지입니다. 비트코인을 1천만 원에 사서 2천만 원에 팔았다면, 1천만 원의 차익이 발생합니다. 주식을 매도할 때 차익에 양도소득세가 부과되듯이, 가상자산도 세금을 피할 수 없습니다.

여기서 논란이 발생합니다. 주식과 부동산은 '자산'으로서 법적 지위를 명확히 인정받고 있지만, 가상자산은 아직 그 지위가 불분명합니다. 일부 국가에서는 화폐로 인정하고, 일부에서는 단순한 디지털 상품으로 간주합니다. 우리나라는 가상자산을 '경제적 가치를 지닌 디지털 자산'으로 보고, 2022년부터 기타소득으로 분류하여 과세하기로 했습니다. 그러나 아직 시행하지 못하고 있습니다.

가상자산과 기존 투자 자산 간에는 몇 가지 중요한 차이가 있습니다. 주식과 부동산은 법적으로 보호받지만, 가상자산은 그렇지 않습니다. 예를 들어 거래소가 해킹당하면 투자금이 한순간에 사라질 수 있으며, 법적 구제를 받기 어려울 수도 있습니다.

가상자산의 특징

시장 변동성

주식도 등락을 거듭하지만, 가상자산의 변동성은 훨씬 더 큽니다. 2025년 3월 11일 현재, 가상자산 중 가장 변동성이 낮은 비트코인의 1년 변동성은 약 58%이고 S&P의 1년 변동성은 약 23%입니다.

배당과 이자 수익

주식은 배당을 받을 수 있고, 부동산은 임대료를 받을 수 있지만, 가상자산은 대부분 시세 차익에 의존해야 합니다. 다만 최근에는 스테이킹(예치) 같은 방식으로 가상자산을 보유하면서 일정한 보상을 받을 수도 있습니다.

가상자산 과세와 유예

우리는 새로운 금융자산이 등장할 때마다 비슷한 논쟁을 반복해 왔습니다. 주식이 대중화되던 초기에는 투기와 도박이라는 비판이 있었고, 외환 거래가 활성화될 때도 비슷한 논란이 있었습니다. 그러나 시간이 지나면서 시장이 안정되고 제도가 정비되면서, 주식과 외환은 현대 경제에서 필수적인 요소로 자리 잡았습니다. 가상자산 역시 같은 길을 갈 가능성이 크다고 봅니다.

정부가 가상자산을 규제하고 과세하는 것은 거스를 수 없는 흐름입니다. 다만 중요한 것은 그 과정에서 시장을 위축시키지 않으면서, 투자자들의 신뢰를 지킬 수 있는 정책을 마련하는 것입니다. 가상자산 과세는 단순히 세금을 걷는 문제가 아니라, 새로운 금융 질서를 구축하는 과정 중 하나입니다.

2024년 12월, 국회 본회의에서 가상자산 과세 유예를 담은 소득세법 개정안이 의결되면서, 과세 시작 시점이 2027년 1월 1일로 다시 한번 연기되었습니다. 이렇게 연기된 데는 여러 가지 이유가 있습니다.

과세 체계의 미비	가상자산 거래의 특성상, 특히 해외 거래소를 통한 거래 내역을 정확히 파악하고 과세하는 데 어려움이 존재
투자자 반발과 정치적 고려	가상자산 투자자들의 반발
국제적 과세 정보 교류 시점 고려	2027년부터 가상자산에 대한 국제적 정보 교류가 가능해질 예정이므로, 국내외 공평 과세를 위해 유예

가상자산 시장이 성장하는 속도에 비해 정부의 과세 정책은 한 발짝 늦게 따라가고 있습니다. 원래 2022년부터 시행될 예정이었던 가상자산 과세는 2025년으로 연기되었다가 다시 2027년으로 미뤄졌습니다. 이번 유예 조치는 투자자들에게 준비할 시간을 주겠다는 의미도 있지

만, 정부가 과세 인프라가 부족하다는 점을 인정한 셈이기도 합니다. 가상자산 거래로 큰 수익을 올린 투자자에게 세금을 부과하는 것은 조세 정의 차원에서 필요합니다. 하지만 정부가 세금만 걷고, 정작 시장이 건전하게 성장할 수 있는 정책을 마련하지 않는다면, 그건 또 다른 문제입니다. 과세를 하겠다면 가상자산을 하나의 자산으로 인정하는 제도적 기반도 함께 마련해야 합니다.

정부가 해야 할 일은 명확합니다. 정책을 일관성 있게 만들고, 투자자들과 적극적으로 소통하며, 가상자산 시장을 단순한 투기판이 아닌 미래 금융의 한 축으로 인정하는 것, 그래야만 가상자산 과세가 시장의 성장을 가로막는 족쇄가 아니라 건전한 시스템으로 자리 잡을 수 있을 것입니다.

기타소득, 왜 가상자산에 적용되었을까?

세법에서 소득은 크게 근로소득, 사업소득, 금융소득(이자,배당), 연금소득, 기타소득, 양도소득, 퇴직소득으로 나뉩니다. 보통 투자와 관련된 소득은 양도소득이나 금융소득으로 분류되는데, 가상자산은 기타소득으로 묶였습니다. 이유는 간단합니다. 정부가 가상자산을 주식이나 부동산 같은 자산으로 인정하지 않기 때문입니다.

가상자산을 법적으로 금융자산으로 인정하면 금융소득으로 과세할 수 있고, 실물자산으로 보면 양도소득세를 부과할 수 있습니다. 하지만 정부는 가상자산을 전통적인 자산의 범주에 넣지 않고, 로또나 경품 당첨금처럼 일시적이고 우발적인 소득으로 취급하는 방식을 선택했습니다. 결과적으로 가상자산 소득은 기타소득으로 분류됐고, 250만 원을 초과하는 금액에 대해 20%의 단일세율(분리과세)이 적용됩니다.

문제는 기타소득이라는 개념 자체가 가상자산 시장의 특성과 맞지 않는다는 점입니다. 로또나 경품 당첨금은 말 그대로 운으로 얻은 일회성 소득입니다. 하지만 가상자산은 시장의 흐름을 분석하고 투자 전략을 세워 거래하는 자산 투자 행위입니다. 주식과 다를 바 없는 방식으로 거래되는데도, 기타소득으로 분류된다는 것입니다. 가상자산이 기타소득으로 분류된다면 분리과세 방식으로 세금이 부과되기 때문에 건강보험료가 추가로 발생하지 않습니다.

하지만 가상자산 거래가 지속적이고 반복적으로 이루어진다면, 국세청은 이를 사업소득으로 판단할 수도 있습니다. 사업소득으로 분류되면 종합소득세 신고 대상이 되고, 이에 따라 건강보험료 부과 기준에도 포함됩니다.

최근 세법 개정의 추세를 살펴보면, 정부가 자본 거래, 특히 주식에 대한 과세를 강화하는 방향으로 나아가고 있음을 알 수 있습니다. 이는 자산 관리에서 더 체계적이고 장기적인 접근이 필요함을 의미합니다. 급변하는 환경 속에서 우리의 자산을 지키려면 주식, 부동산, 가상자산 등 다양한 자산 유형에 대한 이해와 선제 대응이 필요합니다. 세금 절약은 현명한 자산 관리의 결과물이지, 그 자체가 목적이 되어서는 안 됩니다. 절세 이전에 전체적인 자산의 배분을 한 번 더 생각하고, 세법 개정의 흐름을 지속하여 파악하고, 이에 맞춰 전략을 조정해 나가는 유연한 자세가 필요합니다.

절세 포인트:
소득공제에서 놓치기 쉬운 항목들

소득공제를 할 때 놓치기 쉬운 항목이 있습니다. 우리 삶과 밀접히 관련됐지만, 신경 쓰지 않으면 놓치기 쉬운 항목들을 알아보겠습니다.

청년형 소득공제 장기펀드(소장펀드) 활용하기

19~34세 청년이라면 연 600만 원까지 납입할 수 있으며, 납입액의 40%를 소득공제를 받을 수 있습니다. 의무 가입 기간은 최소 3년 이상이며, 중도 해지 시 감면받은 세액의 일정 비율을 추징당할 수 있습니다.

의료비 세액공제 영수증 챙기기

근로자의 의료비 세액공제 대상 → 89쪽 참고 중에는 놓치기 쉬운 항목들이 있습니다. 이들 항목에 대해 세액공제를 받으려면 연말정산 또는 종합소득세 신고 시 의료비 항목에 포함해 직접 신청해야 합니다. 다만 홈택스의 연말정산 간소화 서비스에서 조회되지 않을 수도 있으므로, 해당 지출 영수증을 따로 보관해 두는 것이 중요합니다.

✅ 산후조리원 비용

근로자가 출산 후 산후조리원을 이용했다면 의료비 세액공제를 받을 수 있습니다. 출산과 산후 회복을 돕기 위한 지원제도이며, 200만 원 한도로 의료비 세액공제 대상 금액에 포함됩니다. 세액

공제를 받으려면 산후조리원이 보건복지부에 등록된 기관이어야 하며, 정식 영수증을 보관해야 합니다.

✅ 법정 감염병 예방접종 비용 공제
근로자의 법정 감염병 예방접종 비용도 의료비 세액공제 대상에 포함됩니다.

✅ 난임 시술비 공제
근로자의 난임 치료를 위한 의료비는 일반 의료비보다 높은 세액 공제율(30%)이 적용됩니다. 체외수정, 인공수정 등 난임 시술을 받는 가정을 지원하기 위한 제도입니다.

기부금 세액공제 활용하기
기부를 하면 나눔을 실천할 뿐만 아니라 세액공제 혜택도 받을 수 있습니다. 정치자금(후원금, 기탁금, 당비)은 10만 원까지 100% 세액공제가 적용되며, 이를 초과하는 금액은 15~25%의 세액공제를 받을 수 있습니다. 종교단체 기부금, 학교발전기금, 공익법인 기부금 등도 세액공제 대상으로, 기부 내역을 연말정산이나 종합소득세 신고 시 반영하면 세금 부담을 줄일 수 있습니다. 기부금 세액공제를 받으려면 국세청에 등록된 단체로부터 정식 영수증을 발급받아야 하며, 연말정산 간소화 서비스에서 조회되지 않는 경우 직접 제출해야 합니다

문화비 소득공제 제도
총급여 7천만 원 이하 근로소득자가 문화 활동 및 체육시설을 이용한 금액에 대해 세금 혜택을 받을 수 있는 제도입니다. 신용카드 등 사용

액이 총급여의 25%를 초과할 때 사용 금액의 30%를 연간 300만 원 한도에서 공제받을 수 있습니다. 도서 구매, 공연 관람, 박물관이나 미술관 입장료, 영화 관람비, 신문 구독료 등이 포함되며, 2025년 7월 1일부터 수영장 이용료도 소득공제 대상입니다.

세금 포인트:
납세자가 받을 수 있는 혜택

우리가 납부한 세금에 따라 포인트를 주고, 포인트를 활용해 다양한 혜택을 누릴 수 있는 제도입니다. 마치 신용카드 사용 후 받는 캐시백처럼 세금을 납부하고 받는 보너스와 같습니다.

자진 납부한 세액 10만 원당 1점이 적립되고, 고지서를 받고 납부한 세액은 10만 원당 0.3포인트가 적립되며, 매년 3월에 전년도 납부세액에 대해 일괄 지급됩니다. 홈택스(웹사이트) 및 손택스(모바일앱)를 활용해 포인트를 조회하고 사용할 수 있으며, 가까운 세무서 민원봉사실에서도 알아볼 수 있습니다.

세금 포인트 대상 세목은 개인의 경우 종합소득세, 양도소득세, 원천징수되는 소득세(원천징수되는 이자·배당소득은 제외)이며, 법인은 법인세가 해당됩니다. 개인 납세자의 세금 포인트는 소멸되지 않지만, 법인은 적립 후 5년간 사용하지 않으면 포인트가 소멸됩니다.

납부 기한 연장 및 징수유예 시 납세담보 면제

세금 포인트 사용 조건을 만족하면(신청일 기준 체납액이 없고, 최근 2년간 체납 사실이 없는 경우 등), 납부 기한 연장 신청 시 최대 5억 원까지 납세담보를 면제받을 수 있습니다. 담보 면제 금액은 보유한 세금 포인트 × 10만 원으로 계산됩니다. 만약 세금 포인트가 10포인트 있다면 100만 원의 세금을 나중에 낼 수 있습니다.

소액 체납자 재산 매각 유예

1천만 원 이하 소액 체납자는 세금 포인트를 사용하여 재산 매각을 유예받을 수 있습니다. 유예 신청 금액은 보유한 세금 포인트 × 10만 원이며, 최대 100포인트까지 사용할 수 있습니다.

영화관 할인

2포인트를 사용해 영화 티켓 1장당 2천 원을 할인받을 수 있습니다. 손택스에서 영화 할인 쿠폰(매월 5천 장 한도, 1인당 하루 최대 5장)을 발급받아 CGV 앱이나 홈페이지에서 온라인 예매 시 사용하면 됩니다. 쿠폰은 발급일로부터 3개월이 되는 날이 속한 달의 첫날까지 사용할 수 있습니다. 2024년 10월 8일에 발급받았다면 2025년 1월 1일까지 사용할 수 있습니다.

동반성장몰 제품 할인 구매

국세청이 운영하는 온라인 할인 쇼핑몰인 동반성장몰에서 세금 포인트를 사용해 우수한 중소기업 제품을 5% 할인된 가격으로 구매할 수 있습니다.

온라인 및 오프라인 매장에서 물품 구매 시 할인

행복한 백화점에서 물품을 구매할 때, 구매 금액에 따라 5,000원에서 25,000원까지 할인을 받을 수 있습니다.

국외 기업 신용조사 서비스 무료 이용

중소기업은 한국무역보험공사의 국외기업 신용조사 서비스를 연간
1회 무료로 이용할 수 있습니다.

세금 여행의 가이드를 마치며

《난생처음 세금 여행》은 세금을 처음 접하는 분들을 위한 책입니다. 저도 회계사지만 처음 세무 업무를 시작했을 땐 정말 막막했어요. 그래서 이 책을 읽는 여러분이 어려워하는 건 너무 당연한 일이라고 말해 드리고 싶었습니다.

세금은 삶과 아주 가까이 있지만, 막연한 두려움이나 억울함으로 다가올 때가 많습니다. 하지만 알아야 억울하지 않고, 알아야 속지 않아요. 세금을 빼앗긴다는 마음보다는, 내가 낼 만큼 내고 사회에 기여한다는 마음으로 살아가면 좋겠어요. 그 첫걸음은 '이해'에서 시작됩니다.

절세 비법처럼 떠도는 말에 기대기보다는, 내가 받을 수 있는 혜택과 공제를 정확히 알고 잘 챙기는 것만으로도 충분합니다.

이 책은 꼭 처음부터 끝까지 순서대로 읽지 않아도 괜찮습니다. 지금 내 상황과 연결되는 부분부터 펼쳐 보세요. 필요한 정보를 얻고, 세금 관련 키워드를 하나씩 익혀 두면, 세금이 등장할 때마다 이 책이 든든한 나침반이 되어 줄 거예요.

그리고 누군가가 '세금 폭탄' 같은 자극적인 말로 혼란을 줄 때, 여러분은 흔들리지 않고 그 의미를 스스로 판단할 수 있을 겁니다. 세금을 이해하는 시민만이 더 나은 제도를 만들어 낼 수 있으니까요.

우리는 모든 걸 알 필요는 없습니다. 내게 필요한 만큼만, 큰 그림만 알아도 충분해요. 그러니 괜찮습니다. 할 수 있어요. 당신의 세금 여행에 이 책이 따뜻한 동행이 되길 바랍니다.

2025년 봄에,
당신의 재무코치 티나

세금과 마주할 모두를 위한 책이 되길

세금은 오랫동안 제 일의 중심에 있었습니다. 퇴직금 정산, 상속과 증여 상담처럼 누군가의 중요한 선택 앞에는 늘 세금이 있었으니까요.

처음엔 그저 돈이 오가는 문제라고만 생각했습니다. 많이 내면 억울하고, 줄이면 다행인 일쯤으로요. 그런데 현장에서 사람들을 만나면서 세금은 단순한 숫자가 아니라, 삶의 방향을 바꾸는 선택이 될 수도 있다는 걸 알게 됐습니다.

퇴직금을 받아 창업을 준비하던 직장인이 예상보다 많은 세금이 빠져나가는 걸 보고 계획을 접은 일이 있었습니다. 상속세 결정 통지서를 받아 든 기업 임원의 배우자는 세금을 낼 돈이 없어 아파트를 팔아야 하나 고민하기도 했습니다. 반면 자녀에게 증여하기 전 미리 상담을 받아 공제와 대환을 함께 활용해 세금 부담을 크게 줄인 맞벌이 부부도 있었습니다.

난생처음 세금 여행

세금은 소득이 있는 한 피할 수 없습니다. 그렇다면 결국 절세가 내 편이 되어야 합니다. 이 책이 그 출발점이 되길 바랍니다.

월급에서 빠지는 세금부터 부모님이 물려주신 집에 내는 증여세까지, 우리는 앞으로도 다양한 순간에 세금과 마주할 겁니다.

그럴 때마다 이 책이 막막함을 덜어 주는 실용적인 가이드북이 되기를 바랍니다. 모든 것을 한 번에 이해할 필요는 없습니다. 지금 내게 필요한 부분부터 천천히, 조금씩 익혀 가면 됩니다.

앞으로도 저는 사람들의 돈과 선택이 엉키는 지점에서 조금이라도 더 나은 길을 제시할 수 있도록 계속해서 기록하고 전하겠습니다.

이 책이 세금 앞에서 망설이던 마음에 작은 확신 하나라도 건넬 수 있었다면, 그걸로 충분합니다.

함께 걸어 주셔서 고맙습니다.

민이 아빠 김선욱

난생처음 세금 여행

초판 1쇄 인쇄 · 2025. 5. 2
초판 1쇄 발행 · 2025. 5. 15

—

지은이   김선욱 · 김예희
발행인   이상용 · 이성훈
발행처   청아출판사
출판등록   1979. 11. 13. 제9-84호
주소   경기도 파주시 회동길 363-15
대표전화   031-955-6031 팩스 031-955-6036
전자우편   chungabook@naver.com

—

ⓒ 김선욱 · 김예희, 2025
ISBN 978-89-368-1254-6 03320

—

* 값은 뒤표지에 있습니다.
* 잘못된 책은 구입한 서점에서 바꾸어 드립니다.
* 본 도서에 대한 문의사항은 이메일을 통해 주십시오.